一起活到好事发生的那一天!

所长所有病

在抑郁这件事上，
你并不孤独

看上去很平常的我，
没有人会知道，我是重度抑郁症患者。

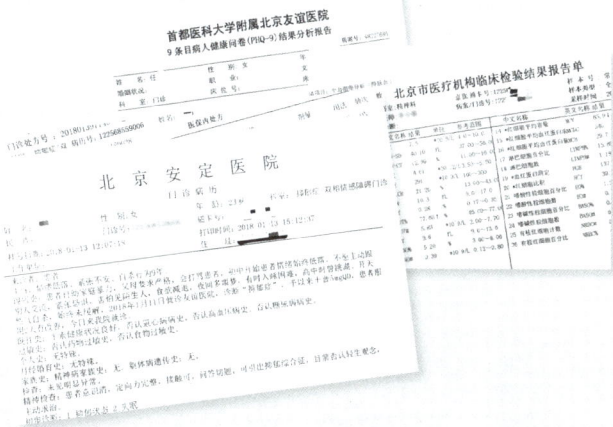

被确诊重度抑郁症的那一刻，我感觉天都塌了。朋友抱抱我说：
别怕，你只是得了一场精神流感，我们陪着你。

在抑郁这件事上，
你并不孤独

LONELY

按时吃药，要乖。

在随身携带的本子上涂鸦。
想抱抱自己。

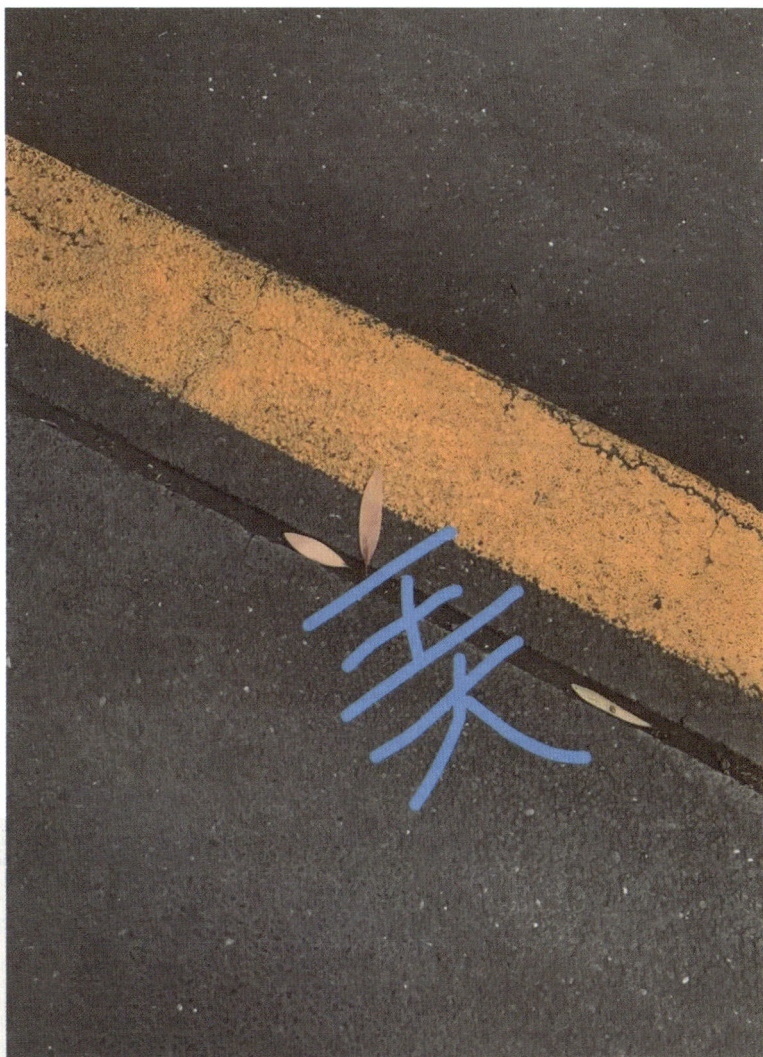

我把图片发给朋友：快看，这是今日的我。心想，快夸我美。
朋友回：大王八？
我：什么啊！看在我今天心情好的分上，罚你请我吃饭。

梦微之·十二年八月二十日夜

白居易

晨起临风一惆怅，通川湓水断相闻。

不知忆我因何事，昨夜三更梦见君。

酬乐天频梦微之

元稹

山水万重书断绝，念君怜我梦相闻。

我今因病魂颠倒，唯梦闲人不梦君。

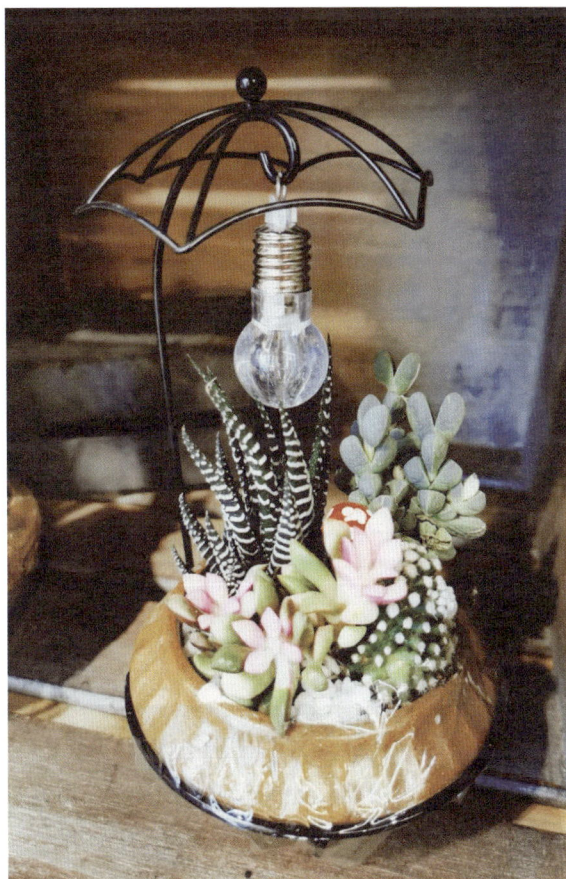

我现在在花店工作，对园艺、插花和摄影产生了浓厚的兴趣。我相信自己以后一定还能遇到一个令我心动的人。而那时，我一定要自信，再也不要白白错过了爱情。——沫沫

LONELY

在抑郁这件事上，
你并不孤独

被光照亮的野草，翠绿而充满希望。

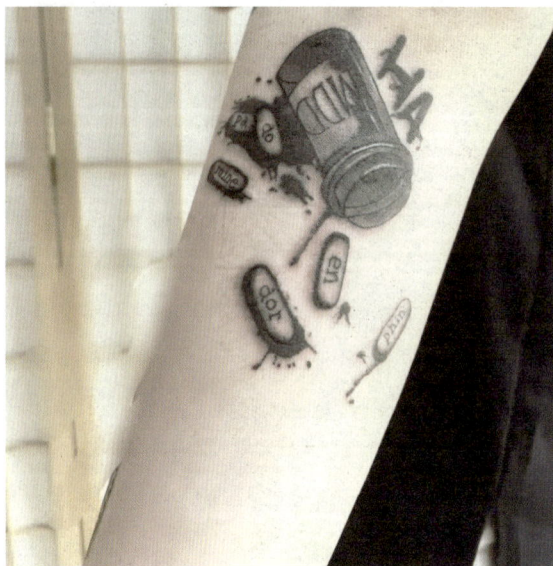

我把重度抑郁症文在身上。——小宁

在抑郁这件事上，
你并不孤独
LONELY

北京胡同里的"福"字，在大连的公园里写生……我的抑郁症还没好，但我不会再拒绝它，我会好好与它相处，如果可以，我想邀请它坐下来喝杯茶。——小宁

在补习班上课时，在书本空白处画的涂鸦。

学校里拍到的猫咪。阳光正好，未来正在到来。
老师和同学们对我很好，他们都是善良的人，
我会乖乖吃药，好好活着。——徐纺

曾经我也像只鸟儿一样被关起来了。

在抑郁这件事上，

你并不孤独

甜甜的果汁分你一半，抑郁我也可以帮你分担一半。

小页是我最好的朋友，她还说：等你康复了，奖励你一顿火锅。——小禾

在抑郁这件事上，你并不孤独

你并不孤独

所长任有病 著

湖南文艺出版社
HUNAN LITERATURE AND ART PUBLISHING HOUSE

博集天卷
CS-BOOKY

图书在版编目（CIP）数据

在抑郁这件事上，你并不孤独 / 所长任有病著 . -- 长沙: 湖南文艺出版社，2021.6

ISBN 978-7-5404-9473-5

Ⅰ．①在… Ⅱ．①所… Ⅲ．①抑郁—心理调节—通俗读物 Ⅳ．①B842.6-49

中国版本图书馆 CIP 数据核字（2021）第 069914 号

上架建议：畅销·心理励志

ZAI YIYU ZHE JIAN SHI SHANG，NI BING BU GUDU
在抑郁这件事上，你并不孤独

作　　者：所长任有病
出 版 人：曾赛丰
责任编辑：匡杨乐
监　　制：于向勇
策划编辑：刘洁丽
文案编辑：罗　钦
营销编辑：张艾茵　杨秋怡　战婧宁
封面设计：蒋宏工作室
版式设计：李　洁
内文排版：麦莫瑞
出　　版：湖南文艺出版社
　　　　　（长沙市雨花区东二环一段 508 号　邮编：410014）
网　　址：www.hnwy.net
印　　刷：三河市天润建兴印务有限公司
经　　销：新华书店
开　　本：875mm×1230mm　1/32
字　　数：232 千字
印　　张：11.25
版　　次：2021 年 6 月第 1 版
印　　次：2021 年 6 月第 1 次印刷
书　　号：ISBN 978-7-5404-9473-5
定　　价：56.00 元

若有质量问题，请致电质量监督电话：010-59096394
团购电话：010-59320018

活下来，
就是这一天里最伟大的事情

我是"抑郁研究所"的所长，我叫任有病。

2018年1月，在北京安定医院抑郁症门诊，我拿到了一张诊疗单："重度抑郁症，中重度焦虑症，伴随严重自杀倾向，建议立刻住院治疗。"

置身于车辆川流不息的城市街头，呛鼻的雾霾和此起彼伏的鸣笛声，逼着我反复审视这种无法抑制的孤独感。任何一个擦肩而过的陌生人都让我精神敏感，一张张人脸在我眼里无限放大，显得无比突兀。

我感到前所未有的恐惧、孤立、绝望、无所适从——"抑郁症为什么会发生在我身上？"

病耻感像一桶黑色的油漆，从头到脚地浸透了我。

究竟发生了什么，
让我陷入抑郁的泥潭里不能自拔？

不记得从哪天开始，我频繁地做噩梦，重复着童年被父母家暴的画面，一次次从心悸中惊醒痛哭。醒来后失魂落魄，大脑越来越迟钝。

反复的梦魇、失眠、耳鸣和神经衰弱……我一天比一天更没力气起床洗漱，在电梯里也会随时睡着，过马路时回想起昨夜的噩梦，瞬间就失去控制身体的能力，惊恐发作，全身木僵。

我以为只是神经衰弱，就去三甲医院挂了睡眠科。结果去的所有医院都把我转去了精神科——医生告诉我，是重度抑郁症。

"抑郁症的发生就像扳机慢慢被扣动，给扳机施加的力就是压力性事件，子弹就是最终引发的抑郁症。而不同扳机的承受力强度，决定了这颗子弹会不会出膛。"

临近春节，我不得不回到病源般的家乡，心情如同在给自己的童年奔丧。

为了得到宽恕，我把诊疗单发给父母。还把"常年被家暴"的病因打上了马赛克，以免他们自罪自责。

生长于革命年代的父辈人当然不会买抑郁症的账，我爸当着亲戚们的面指着我骂："丧着这张脸给谁看？有你这样的女儿是我这辈子最大的耻辱。"

伦理关系充当着最精良、最狡猾、最有效的社会压迫工具，成了压垮我的最后一根稻草。并且那些被驯化出的善良，持续地伤害着我，让我觉得自己愚昧软弱。

这种对过去完成时的自我否定，将我的生命意志摧毁殆尽。

"很遗憾，我未曾见到过好的'爱的榜样'，对被爱这件事再不敢抱有任何期望。强烈的病耻感让我越来越自卑，更害怕自己会因病彻底失去价值。"

那是人生中最难熬的一个月：坐错地铁，在楼梯上摔倒，记忆力快速衰退，在神经性贪食和厌食的两极奔走，我变得害怕人群，越来越不敢出门。

除了抑郁症本身的躯体症状之外，抗抑郁药物的副作用让我手指震颤、心悸绞痛。我几乎不能正常地工作了，每工作1小时，就不得不躲进卫生间里哭20分钟。即使白天强撑着把工作做完，晚上回家也要靠在沙发上流两个小时的眼泪。

抑郁像是大脑在发高烧，痛起来像手握一块烧红的炭，被灼烧得皮开肉绽，在麻痹和烫醒后再次撕裂伤疤中循环。无法忍受的时候我甚至想，是不是死亡才是越狱的唯一方式？

现实生活中，大家都在过各自的难关，而我被囚禁在噩梦的监牢里，日复一日、年复一年地如同西西弗斯般重复着苦难劳役，刑期望不到头，巨石却张牙舞爪地要把我压至干瘪。

"你有没有在浓雾中开过车？路灯下很清冷，往日熟悉的街道成了梦魇里陌生的鬼城。何时可以到达目的地，仿佛永远是个未知数。"

我质问自己，
活着的意义是什么？

每天走上街头，我都在想：如果现在倒下，下一秒被车撞死，也不会干扰到谁吧？既然如此，为什么还要苟活着？

我极力掩饰着糟糕的状态，可愈是想掩盖，就愈是捉襟见肘。我为自己的存在感到深深的羞耻。

亲近的朋友问起我为何面对日常生活如此紧张，我低着头承认自己的抑郁问题，怯懦得像只鹌鹑。朋友如释重负地朝我笑着说："原来是抑郁症啊，我前女友也得过。我们清华校医院开得最多的，除了消炎药就是抗抑郁药物了。"

那段日子朋友怕我出事，每晚接力给我打电话。有一天我觉得所有的眼泪都流干了，他们依然不挂电话："不想说话可以不说，哭一会儿也行，我等你哭累睡着了再挂。"

"为什么要为一个病人浪费这么多时间？"

"因为你值得。"

这五个字击破了我一直信奉的"价值交换是一切关系的尺度"。他们无条件的陪伴和不求回报的善意，让我重新建立起自己值得被爱的底气。是你们浪费在我身上的时间，使我变得如此珍贵。

也让我明白，此刻沉稳睡去，明天能够再醒来，就是生活当下的意义。

24年前，父母给了我第一次生命。饱受折磨的我，为自己执行了无数次死刑。

24年之后，我人格的重建、生活热情的重启，全是由朋友们馈赠的。这一次，是我自己把自己生出来，赋予了自己第二次生命的意义。

"不把对生活的企盼和欲望寄托给外界。学会爱自己，就不能只靠外界的正向反馈活着。"

"你能原谅全世界，
为什么不能原谅你自己？"

除了日常服药外，我也接受了心理咨询。有一次咨询师问我："你能够原谅谎言欺骗，原谅施暴者和伤害你的人，为什么不能原谅你自己呢？"

我终于停止了自我审查：被伤害并不是我的错，不必为抑郁症而自罪自责。原来自己才是最需要被照顾的小朋友。我开始惯着自己，专注于感受快乐：写诗，读剧本，弹琵琶，夜间漫步，玩诗词接龙。不吝啬为取悦自己而倾注时间，"无意义"成了我的出口。

"过往的创伤就像一颗钉子钉在墙上，即使拔除了依然有个碍眼的洞。抑郁症令我反复地盯着这个洞看，周而复始地回忆钉子钉入墙面时的恐慌。但是当我把目光移开，原来墙边有一片绿叶，桌边有一本书，视野再拉得远一点，我看到了窗外的整个花园。墙上的洞还在，但我已经不在意了。"

在"无意义"的时光里，我的感受从物理空间和现实苦痛中抽离出来，迟滞了很久的思维渐渐活跃起来。我变得想要探究美学，享受阳光和食物，尝试生命更多的可能性。

最后一次去安定医院复诊的时候，我在心理咨询室门口捕获了两只小熊，满心欢喜地拍下来分享给朋友们。

我知道，我又活过来了。

在孤独这件事上，
我们并不孤单

抑郁症不是丧，而是在所有值得欢欣的时刻都丧失了快乐的能力。对抑郁症患者说："想开点，正能量一点。"就好比对秃头的人说："请你的发际线振作一些吧。"

"你都会得抑郁症，那些先天残疾的就不要活了。"

"谁还没有点压力，动不动就得抑郁症也太矫情了。"

2012年，那个叫"走饭"的女孩用生命的结束引发了社会对抑郁症的关注。从此这条微博遗书，成了病友们的树洞。然而人海中，还隐藏着无数个"走饭"。

他们没有住院，没有哭天抢地，只是日复一日地同紧追不舍的黑狗打着疲劳战：用"没关系，我可以，我还好"去回应"正能量暴力"。

公众语言环境似乎到了一个谈抑郁色变的临界点。躁郁症、社交恐惧症这些精神病理学名词被焦虑营销催化，语言纯洁性流失后，更像一块狗皮膏药的标签。

是我们太疯狂，还是他们太麻木？是人病了，还是社会病了？

我分享了自己的抑郁康复日记，收集身边病友们的治疗历程，学习研究用求生本能去对抗求死倾向。每天都有很多病友来找我，渐渐地，散落的孤岛开始汇聚在一起，构建出"抑郁研究所"这个属于病友们的栖息地。

"我知道，我能做的最大程度的理解，就是放纵你去寻求你的解脱。可是当你纵身一跃时，我还是忍不住去拉你的手。"

于是，我创办了"抑郁研究所"。

"最亲的人让我去死，
劝我留下来的却是陌生人。"

对抑郁症患者来说，每天睁眼醒来，就像是又开启了一场马拉松。不知道跑了多远，不知道什么时候到达终点。但马拉松的意义不在于输赢，而在于奔跑。

在一次次自我挣扎的深渊里，互相救赎的悬崖边，每一次打卡，都是病友们最大的努力：活下来，就是这一天里最伟大的事情。

"嘀，幸存卡——今天是我确诊抑郁症的第40天，我已经12小时没有想自杀了。"

"嘀——今天是我抑郁的第2年零20天。我此刻好想死，但是我还在坚持活下去。"

…………

抑郁作为一种不适感，是人体的自我保护机制，它是我们走向死亡的缓冲区。

提醒你不得不停下来去反思：过去我同自己、同世界相处的方式，是不是哪里不太对？

"抑郁研究所"，就像一座精神康复学院。

当我们被敏感孤独放逐，不妨像古希腊城邦的自由辩论那样，在圆形广场前探讨"枪炮、病菌与钢铁"，实验社会性人格与自我需求的平衡，重构意志以负荷生活的真相。

希望你从这里康复离开的那天，不必再为抑郁羞愧，而是觉得"我毕业了"。

回望这段经历，能平和地接受"抑郁曾经是我的一部分属性"。

从来没有标准能定义我们生活的输赢，在你跑累了的时候，让我来帮你拍拍身上的尘土，一起席地而坐："不如我们看会儿星星。"

在抑郁这件事上，
你并不孤独

LONELY

Contents 目录

第一部分　抑郁总在发生，故事各有不同 //

Part one

在抑郁这件事上，
你并不孤独

第二部分　虽然抑郁了，但还是好想爱这个世界 //
Part two

第三部分　**如果累了，我陪你啊** //

Part three

第四部分 所长抑郁日记 //

Part four

想对抑郁人群说的话 //

在抑郁这件事上，
你并不孤独

LONELY

第一部分　抑郁总在发生，故事各有不同

Part one

我极力掩饰着糟糕的状态，

可愈是想掩盖，就愈是捉襟见肘。

我为自己的存在感到深深的羞耻。

放弃从 17 层跳楼后，
他在精神病院等开门

LONELY

　　26岁的老狗，确诊双相情感障碍。两次尝试自杀，至今服药6年。17楼楼顶那一晚，是他离死亡最近的时刻，也是人生的新起点。

2014年的一个清晨，一夜未眠的老狗赶到医院，等精神科开门。

"我想死，我想死，我真的想死……"诊室里，他来回重复这一句。

这个大一男生，头天夜里爬上了宿舍楼17层，脑子里的声音将他往下推。6年前他与死亡狭路相逢，6年后的今天，他与我们分享这个"勇者胜"的故事。

奇怪的我：秋冬凄凄惨惨，春夏积极乐观

2011年夏天，我开始为1年后的高考做准备。

作为艺术生的我，认准了北京电影学院美术系。由于目标学校难度较高，我不得不在高三上学期就从老家赴京学美术，怪事在这时开始发生：我发现，秋天和冬天，自己情绪非常低落，一个人惨兮兮地住在地下室，蓬头垢面、邋邋遢遢。可第2年开春回到老家准备文化课时，我又积极起来，学习思路开阔，对生活也充满希望。成绩出来，文化课考得很好，但艺考失利，我落榜了。复读一年，

情况一模一样。我只好放弃北电,选择了东北的一所美术学院。

当时我没在意自己的异常,觉得肯定是环境原因:在老家时朋友多,老师看重我,女友对我也好。夏天一来,人情绪也会变好;而秋冬在北京时,因为太缺乏社会支持,才会郁郁寡欢。

现在看,那其实是非常典型的双相情感障碍症状,加上外部环境因素,才让我的情绪周期性地大起大落。

陌生的病:凡·高和我是病友,有点酷?

果然,来东北读书不到一年,临近2014年清明节时,我的心情又变得跌宕起伏。于是我去了学校心理咨询室。那位心理老师毕业于中国医科大学精神医学专业。

有一次咨询,我们一口气谈了四五个小时,把我大大小小的心结都聊了一遍。然而长谈刚过,第2天上午我又去了。这么快又见到我,她也愣了。聊了一会儿,她劝我去医院看看:"你的状态不太对,接近中度抑郁症。"在学校对面那家大医院的精神科,我遇到一位非常靠谱的医生。十几分钟的交谈后,他说:"你这是双相情感障碍,Bipolar Disorder。"得到诊断时,我的第一反应是:这是什么东西?抑郁症至少听起来挺酷,学艺术的得抑郁症,好像还有点厉害,整个什么双相情感障碍?

后来我就去百度,一看,哇,双相情感障碍看起来严重,可也那么酷，凡·高和一些名人都是这个病。一瞬间我还有点沾沾自喜。确诊后医生给我开了药，药不贵，一个月两三百块钱，我至今坚持服药五六年，几乎没有过副作用。服药后我的状态真的变平稳了，内心安静，人也会积极融入生活。这个诊断结果，也令我释怀：原来，没考上理想的大学和以前遭受的一些痛苦，是因为双相情感障碍，是有理由的，我失败，并不是因为我自己不好。

死亡边缘：为什么这样对我？

没想到，刚服药一个多月，就发生了一件让人痛心的事，这件事几乎将我推到死亡边缘。

在大学里，我和一个女同学彼此喜欢，到2014年4月，关系已经很好了，我们会手拉着手出去吃东西、约会、互送小礼物……俨然一副青年男女谈恋爱的样子。结果有一天，她突然跟我说：不好意思，我有男朋友了，不能和你这样纠缠。这引爆了我有史以来最强烈的情绪波动。我想不通她为什么这样对我，想让她出来说清楚，可她坚持不见我。

我爬到宿舍楼17层，当时就想往下跳。那完全是一种病理性的冲动。一种强烈渴望结束生命的意念，像拉响的警报，嗡嗡作响。但我在脑子里马上又对自己说：你绝对不能一个人，必须打电话。

我就打电话给最好的朋友，我知道他会拖住我。我不停地说我想死、这个世界为什么这么不好之类的发泄情绪的话，种种经历全都翻了出来。那是极度折磨的一晚，我在17楼站了一夜，给朋友的电话打了一夜。天亮了，他说："我用最快速度赶到你身边也得两天，你去看医生吧，这太吓人了。" 清早6点，我从楼顶下来，去医院排队。7点多，精神科那位医生拎着包来上班，看见我就愣了——我头一天刚去复诊过，状况良好。他说："你怎么又来了？"

我说："我想死。"

他想了一下，说早上的预约号如果没来，就让我先进去。8点10分，他打开门冲我招手。进去之后，我不停地重复一句话：我想死，我想死，我真的想死。

回想起来，那是非常强的求生欲念，我急于帮助自己。

精神病院：为了自杀，我说想喝可乐

经精神科医生诊断，我的状况需要住院，将被转介到沈阳精神卫生中心。大学辅导员和党委书记闻讯赶来，带我过去办了住院手续。让我意外的是，书记和其他男老师接力陪我住在医院，贴身照顾。这给了我莫大的支持。然而，在精神病院，我受到了一个非常不人道的待遇——他们用了一种陈旧的疗法，电休克疗法（ECT）。

ECT，其实就是杨永信电击治疗的正规版本。把患者绑在床上，往静脉里注射麻醉药使其失去意识，然后给大脑通电。等患者醒来，治疗已经完成了。

这种疗法让我的情绪变得异常暴躁，更想自杀了。那时我的父母已经来了，我想到一个办法。我跟我爸说："我想喝罐装可乐。"

我的真正目的是用易拉环割腕自杀。当然，精神病院防护措施很好，没有成功。后来我深入了解过ECT，也跟行业内的朋友聊过，他们说这东西早就过时了，副作用太大，而且个体差异大，跟前额叶切除手术一样备受争议。我住院是6年前，那会儿ECT大概还不像今天一样，被严格限制使用。在住院的两周内，我接受了四五次电击治疗，因无法忍受而喊停了。

人生逆转：贫困山区的孩子治愈了我

出院后，艰难的康复之路开始。

回到老家，不好的回忆仍在脑子里盘旋。我想，休学一年总不能在家待一年，便偷偷给三个支教组织写了求职信。其中一个回复了我，面试通过，通知我中秋节去上海培训，然后赴贵州支教。

这成为扭转我一生的重大事件，奇迹就发生在支教经历中。

坐了三十几个小时火车，我来到了贵州山区。

他们问我："你会教什么？"

我说："画画。"

"还会什么？"

"数学。"

他们说:"那你教英语吧,我们缺英语老师。"

在我成为一名小学三年级和四年级的英语老师后,整个世界都变了!我几乎忘记自己是刚从精神病院出来的。孩子们非常爱我,我也很爱他们,那一点一滴的感受,只有经历过才会懂。

令我印象最深的是一个6岁的小女孩,她3岁多上小学一年级,6岁就读三年级了。她脏兮兮的,坐在最后一排,成绩也很差。这不怪她,6岁上三年级怎么学得会呢?

我经常陪她画画,她也会叠小星星、小船、小宝剑之类的东西送给我,用的还是"××不孕不育医院"的广告纸。有一天放学,孩子们跟我闹着玩,一群人围着我打,我假装说不要打啦,我要改作业!这个小女孩竟然当真了,一只手抱着我,用另一个小拳头打其他同学,还咬人。我好心疼,赶紧抱着她说老师跟他们闹着玩呢。照顾孩子们的时候,虽然很累,但我一点也不抑郁,一点也不躁狂,一点也不难受。病理性状态完全消失,甚至身体上的一些小毛病,像咽喉炎、脱发、颈椎病,也都好了。支教期间,我坚持服药,但感觉自己的病已经好了。我还遇到了爱情,人生又一次充满美好和光明。

抑郁复发:我用疯狂学习拯救自己

遗憾的是,2015年支教结束,脱离了孩子们、女朋友和支教同事们的关爱，回到萧条的东北，我再一次陷入抑郁。

这次是稳定的、持续性的、恶劣的抑郁，伴随焦虑、恐惧。我不知道怎么和同学、舍友、老师相处。后来我了解到，我所在院校的抑郁症和双相情感障碍发病率很高，每100个人就有四五个在服药的。我用了一种新办法缓解抑郁：拼命学习。

我开始疯狂学英语，过四六级、考研究生……说实话，我对英语也不是很感兴趣，但我发现，学习的时候能进入心流状态不抑郁！

当然，学习方式是关键。抑郁状态下，的确很难深入思考，不妨简单粗暴一点，比如借助单词软件机械性背单词。

在借助软件背单词的时候，你必须思考、必须点击，否则会超时。这样，你就没办法想过去、想未来。只要你脱离了记忆、脱离了未来，跟当下在一起，你就不会出现问题。从格式塔心理疗法的角度讲，这就是保持与现实的接触。点一下，就与当下接触一次。可能你会说，玩游戏不也是一种接触吗？

我试过玩游戏，玩的时候不抑郁，玩完却更抑郁，我猜可能是因为中国社会不鼓励人玩游戏。虽然在玩游戏时能获得即时性的快乐，但玩游戏本身并不能得到自我的心理奖赏。

遵循快乐原则的"本我"得到了满足，而遵循道德原则的"超我"却使人产生了严重的内疚感，这二者无法调和，人们就会更加焦虑、抑郁。

而学习不一样，沉浸于学习既可以使人感到快乐，又遵循了道德准则，所以我能从学习里得到救赎。

获得平静：世界上有太多爱了

然而，学到2016年，抑郁依旧笼罩着我。直到毕业后，我的情况才开始稳定地好转，我好转主要有两个层面的原因。

一是从大学生变成社会人后，发现自己能经济独立。

大学时，明明是成年人，可吃喝拉撒谈恋爱都要靠父母，价值感很低。毕业后，我想完成学心理学的梦想，于是辞职考研，不再挣钱。这种自卑感一直存在于我的心里，就像阿德勒所说的，人天生就是自卑的，因为人幼时所有生活都依附于养育者。

第一年考研，我差了10分没有考过，便去北京找工作。嘿，发现挣得也不少，自己还是有点能力的。其实不需要挣很多钱，只要证明自己能挣到钱，自卑感就会消退很多。

2019年上半年，我潇洒地辞掉了工作，安安静静地看书、备考、运动、休息。稳定的状态持续到10月份，我开始变得有些紧张，并有了一些关于死亡的奇怪想法。我反思是长期独处造成的，于是找了一份图书馆的实习，状态又慢慢好了。考研是大事，情绪有波动是肯定的。考研前，我一度紧张到极致，睡眠质量忽高忽低，有一次吃夜宵，甚至不小心把煤气灶开了一夜。直到成绩公布，我才完全放下心来。

二是感情趋于稳定，这对我精神状态的稳定有极大的帮助。两年前，我和女友发展成正式、稳定的关系，并开始融入她的家庭。

女友有一个充满爱、充满支持的家庭。表面看起来，她家的结构很不稳定：父母离婚，她生活在姥姥家，姥姥和舅姥爷生活在一起。这些人生活在一起，似乎会有些奇怪。但她的家人，每天都会直接表露感情：我很爱你啊，你也很爱我吧。家里房子不大，却有柔软的沙发、温暖的灯光，吃饭时座次没有任何讲究，没人强迫你做任何事。

而我的原生家庭，没人离婚、失业、生重病，但总是你控制我我控制你，充满了肢体暴力、关系暴力、语言暴力、冷暴力……柔软的东西实在太少。

我反思，她家人是有选择地和自己喜欢的人生活在一起，而不是囿于某种血缘关系。这个家，给了我莫大的抚慰，也是我好转的重要原因。

记忆里，我最早出现病理性的情绪，是6岁读小学一年级时。

反思这些年的经历，我觉得有个问题很重要：之前为什么不觉得自己有病？我的答案是，因为社会文化，因为别人的眼光。

当你躁狂时，人们可能会说，你适应于现在这个急速变化的时代；当你抑郁时，别人会说，这孩子坐得住，很乖；当你说你痛苦时，有人会说，天将降大任于斯人也，必先苦其心志……在有些国家，人的状态偏离正常时，会知道去看医生。但我们却觉得，"偏"一点才是人中龙凤，不正常才能成功成才。另外，加持在性别身份上的枷锁，比如男性就要多吃苦，女性就该多忍让，等等，也使我们忽视自己的健康，对自己的疾病视而不见。

目前，我睡眠正常，饮食规律，每天跟女朋友及其弟弟打打闹闹，日子过得很开心。我依然坚持服药，但用来安眠的富马酸喹硫平已在逐渐断药。[1]

其实不管是抑郁症患者还是双相情感障碍患者，最终追求的都是内心的平静。我感到离这个目标越来越近了。当然，我会给自己一个宽松的区间：每年抑郁或躁狂一两个星期，无所谓。

我再也没想过自杀的事，因为世界上有太多的爱了呀。

康复之后我想和病友说

康复之后，老狗考取了心理咨询师资格证，正在接受相关长程培训。目前的他考研成功，感情美满，精神状况稳定，再没想过自杀。

从患者到心理咨询师身份的转变，让老狗对康复有了更深刻的理解。抑郁研究所在采访过程中，针对一些病友常见的问题和老狗进行了专门的交流。

---

[1] 本书中出现的药物只适用于讲述者本人，请读者仔细辨别，切勿根据书中提到的症状擅自服药。此外，本书后面的故事中，还有讲述者在患病期间出现过滥用药物、自残等行为，请读者切勿模仿。如有病症，请务必及时就医，遵从医嘱。——编者注

1. 怎么找到匹配的心理咨询师?

老狗:这真是低概率事件,我前前后后不知换过多少个。我们老师有句话说得特别好:找咨询师什么也别看,就看眼缘。看照片,这人长得顺眼,就是他了,绝对好使。别看逻辑、履历什么的,因为这时候调动的是你的潜意识。相由心生,人的脸本来就是心理机能的外部表征。

2. 从咨询师那里,获得过什么启发?

老狗:以前我觉得,每个人的问题太复杂了,今天失恋,明天工作不顺,后天父母虐待……但最近这位咨询师告诉我,并不是这样,每个人都有一个核心冲突。比如我的核心冲突,就是理想和现实不能合一、内在自我与外在要求不能合一。我所有的矛盾都围绕着这一点。这个核心冲突,像一根定海神针,遇到问题都可以从这上面找到原因,很容易就理清楚,而不是东一榔头西一棒子。

3. 现在跟患病时相比,最大的改变是什么?

老狗:现在我的自知力非常好,也可以叫自我意识。临床上,判断一个人是神经症还是精神疾病,自知力是一个重要标准,即"知不知道自己有病"。我现在能提前就知道自己未来几天会不会抑郁、会不会躁狂。这是最大的变化。有了这个东西,人就很安全了。

4. 自知力怎么获得呢?

老狗: 可以刻意锻炼。我的方式,一是学心理学,二是不断感受自己、了解自己、不停地深挖自己,有一点变化,就跳出来用第三者的眼光去看,而不是把感受当成客观事实。

5. 病友的亲友们,常有"拯救"身边人的想法,应该怎么看?

老狗: 我知道,你想让我说不认同"拯救"这个词。但就我们现在的生活环境、社会文化来说,有些关系真的有拯救的意味。

从精神病院出院时,大学的心理咨询老师给了我三个小建议:学一下客体关系理论,找个女朋友,做一次家庭治疗。第一个太复杂,第三个没条件落实,第二个非常有用。

爱情真的能在很大程度上拯救一个人,前提是这个人愿意,而且最好懂点心理学。那种陪伴,真的是往撕裂的伤口上涂消炎药,然后静静陪着你,让它慢慢地好。

6. 什么时候应该寻求帮助?

老狗: 如果自己感觉不太好,就应该及时寻求帮助。好的帮助,就是让你舒服;不好的帮助,就是听起来有用,但不舒服。

被男老师推下深渊，
我不愿世上再多一个房思琪

LONELY

徐纺，16岁女生。小学三年级时去补习班，遭到了补习老师的猥亵，留下了严重的心理阴影。2020年7月，半月内试图自杀两次，失败后去医院查出重度抑郁与重度焦虑，确诊双相情感障碍。

原以为艰难的生活在跨过坎坷后能迎来转机，不承想痛苦仍然如影随形。

就算如此，还是要坚持活下去。

噩梦起源

那一年我9岁，上三年级。家里人不满意我的学习成绩，于是在学校门口给我报了个补习班。

老师的年纪在40岁左右，眼窝比较深，脸形已经有些记不清了，身材瘦瘦的，皮肤偏黑一点，身高一米七多。

原以为能好好补课，没想到这是我人生噩梦的开端。

刚进补习班的时候，老师给我的印象很好。上课的时候几乎不发脾气，表现得非常有耐心。补习结束回家后，妈妈也会问我的学习情况如何，我一一说了，于是家人对老师的印象也很不错，高兴地让我继续努力，好好学习。就这样，我周一到周五每天晚上都会去补习老师那里，上课、做作业。周末固定在家里休息。如此持续了半个学期。

后来老师和我们熟稔了起来，关系似乎也在逐渐变得亲近。直到某一天，夜晚的教室里只有我和他两个人，他为了方便给我讲题，坐到了我的旁边，离得非常近。耳边是他一贯温和的笑声，但不知为什么，听起来透露着些许阴森。我下意识地感到寒意四起，却无从躲避。

噩梦初临

一开始他只是靠近我、搂着我，见我没有反应，他的动作便慢慢大胆了起来，一次又一次地触碰我、抚摸我。在确定我是个"乖孩子"后，他把手伸进了我的裤子。我很害怕，很难受，却因为什么也不懂，想着他是老师，想着从小被学校教导的"听老师的话"，便不敢吭声，也没能反抗。而他看我乖顺，就越发放肆了起来。

从那一次开始，他就在放学后没人的时间里对我进行猥亵。

他侵犯我的时候，他的老婆女儿还进来过，但他很熟练，在门发出响声的一瞬间就把手从我的身上抽离，以至于一直都没有被发现。

我特别恨我自己为什么在刚开始的时候没有反抗，让那个老师反复对我进行猥亵。

有时我看见妈妈的脸，就会想起那个周五，补习结束后，他在妈妈面前摸我的脸的情形。他用一种让我非常不舒服的声音说："这脸都成小花猫了。"然后，又对我妈妈说："小纺作业没做完，周六上午免费帮她补课。"

就是那次周六，妈妈在补课班门外等我，他和我单独在教室里。他把我抱到桌子上，又一次对我进行猥亵。我当时不明白他在做什么，只是下意识地全身僵硬，害怕又恶心。我很想大声呼救，让妈妈知道这一切，让她来把我从这里带走，但是我不能。我知道补习班上也有遭受同样经历的同学，但是大家都对此缄口不言，甚至拼命想守住这个秘密，害怕被人发现。而我也不敢做第一个把这件事说出去的人。

这也是让我最难受的，那样的屈辱让我至今无法忘怀。

在这之后，我越发疯狂地想要离开补习班。我抗拒去补习，说自己不想去，但是没有用。家人只当我年纪小不懂事，闹脾气，每天还是要求我去补习。他会在我妈妈面前摸我脸、摸我头等等，每次触碰都让我如遭雷击，连气也不敢喘。

终于在这学期结束后，因为学习成绩进步了，父母在我保证好好学习的前提下，同意了我离开补习班的要求。

我想要挣脱那样的环境

为了不再进补习班，为了忘记这件事情，我一门心思扑在学习上。然而，就在成绩稳步提高的同时，我对性也有了一定的认知。我开始感到恐慌，更多的是羞耻。

因为此前的经历，我病态地认为自己的身体很脏，于是我拒绝恋爱，拒绝男性靠近——包括我的父亲——特别是和那个老师有相同特征的人，比如我的初中班主任，他们的眼睛很像，但班主任因为我极不稳定的成绩而对我格外关注，我没有办法，不得不经常直面那双令我感到恐惧的双眼。

在初二的时候，妈妈突然告诉我，当初的补习老师被抓了，好像被判了两年。我那时心情很复杂，想着，这人渣终于得到了惩罚，但就算如此，也依旧没办法抵消他曾经对我做过的事。

我还是没敢和妈妈说起当年自己在补习班里的经历。我感到非常矛盾，有时甚至会在心里责怪妈妈向我提起这件事。

我本来就快要将它忘记，却因此被迫清晰地回想了起来。

噩梦，就此缠上了我

从那时候开始，我的情绪变得越来越不稳定。我会反复想起那些好不容易模糊掉的事情，无法集中精神和注意力，一会儿觉得委屈和厌倦，一会儿又出现极端的想法。有时我甚至会想，要不我们一家人一起死掉算了。我痛苦地否定自己，觉得自己的身体很脏，同时开始自残和自杀行为。

我经常做噩梦，梦到被人追赶。我拼命跑啊跑，却怎样都甩不掉身后的那个黑影。

我也有喜欢的男孩子，但我下意识地感到害怕，本能地抗拒这种情感。我不知道我怎么了，不知道该怎么办，也不知道如何求助。我心想，如果我真的出现问题的话，父母的负担会更重。我很痛苦，情绪就像过山车，跌宕起伏。每当我以为自己好了的时候，又会再一次陷进去。我的状态就如同那些噩梦，无休无止、永无尽头。

不知不觉中，我升学到了中专，开始住校生活。新的环境没有让我的情绪产生转变。这所学校是我爸非要让我来的。他有一个朋友在这个学校当主任，他希望可以借此多照顾我一些。于是，我就这样学起了计算机平面设计。但是，我对这些其实也不太感兴趣，觉得自己实在不会有什么前途。此外，学校的条件也不好，食堂的饭菜吃了有时还会拉肚子。在这种情况下，我只希望赶紧熬过去。

在情绪稳定的时候，我算是宿舍的开心果。除了要隐瞒自己抑郁的事情，多数情况下，我和室友们相处得还挺愉快。我常和她们一起行动，以此减少独处的时间，打打闹闹地把日子过完。

曾经有一次，我情绪上来，拿着刀片悄悄自残的时候，被室友们发现了。她们很担心我，统统围在我身边。其中一位室友小心翼翼地摸了摸我的伤疤，问我疼不疼。我装作轻松地回答说没事。但是，室友们还是一脸忧心地劝我不要自残，有什么难受的事就及时和她们说。

由此，我感受到了温暖和牵绊。我的室友们给了我治愈的能量，而我一直以来想要的就是这种关心罢了，就听话地没有继续伤害自己。

在独处的时间里，我最快乐的事就是看小说、听广播剧，这能使我心情舒畅，暂时忘记掉自己的事，十分放松和满足。

虽然在安静的深夜里，我会不时地出现情绪反复，陷入想要结束生命的极端情绪，但凭着求生的本能，我还是一次次地坚持了下来，没有做出太出格的举动。

情绪突然到了临界点，破碎了

一直到2020年7月，我的病情忽然加重。

那时候刚放假回家，我有些头疼，整个人很不舒服，只想在房间里安安静静地休息。妹妹却在这时候进了我房间玩耍，大喊大闹。我被吵醒，迷迷糊糊地看了一眼时间，才早上10点。我让她出去，别吵我休息，她不听，非要找些事情来惹我。

我很讨厌我的妹妹。她和我相差5岁，我在补习班的那段时间，她在读幼儿园。妈妈为了照顾她，经常很晚才来接我回家，就因为这样，我放学后才会单独留在教室，让那个老师有机可乘。我知道这样想不对，但是我控制不住自己跟她生气。

我时常感觉父母的关爱和重心全部放在妹妹身上。我甚至觉得，反正有妹妹在，我就算死了也不会对他们有什么影响。

　　身体的疲惫让我选择无视她的吵闹，翻了个身只想她赶紧离开。她却拿起了我桌子上的水晶球大力摇晃，一脱手就在地上摔碎了。

　　对此，我烦躁无比，大声叫她让开点，蹲在地上心疼地收拾着残片。她还冲上来挠我胳膊，大喊大叫，哭声震天。妈妈闻声赶来，不看情况就直接呵斥我，说我欺负妹妹。我忍无可忍，满心委屈和怒火，觉得自己在这个家待不下去了，直接和妈妈吵了起来。于是，我当天就被送到奶奶家住了。

　　到了奶奶家，我的心情平复下来之后，情绪逐渐低落，整个人变得萎靡不振。我思索着，自己这么多年上学也花了不少钱，成绩还不好。我只有这一副残破身躯，无法报答家人什么，早死晚死都是一个死，不如早些离去，免得再受折磨。

情绪累积，伤害自己

　　去奶奶家住了一周后，我以要拿衣服为理由回到了家。趁妈妈不注意，我偷偷翻出了家里的药，并在网上搜索药的相关资料，主要查的是致死量和药物禁忌之类的。一共五六种药，加起来有三十几颗，其中还有头孢。我又翻出家里的酒，啤酒白酒都喝了一些，胃撑得难受才回屋躺着。吃药和喝酒让我的脑袋昏昏沉沉的。没过多久，妈妈进了我的卧室，闻到了酒味。我向她说了我吃药的事，她便打电话把爷爷奶奶叫来了，在外地工作的爸爸也知道了这件事。

奶奶跪在地上求我把药都吐出来，所有人都让我去医院，场面十分混乱。

我只能说没事，没有不舒服，他们才没有强制带我去洗胃。我听说洗胃很疼。缓过来以后，我又去了奶奶家，在床上难受了两天才舒服一点，但吃不下东西，很久都没有恢复正常。

几个月过去后，我还是只吃一点东西就撑得难受反胃。

第一次自杀失败后，在奶奶家躺了不到一周，我又一次想自杀。吃药不成，就准备割腕，但我的刀片都在家里。于是，我就以开学有计算机考试要回家练习为借口，收拾东西回家。

到家后，我从下午6点多开始割腕，但是每次一用力就很疼，只好一点点放血。时间太久了，我也累了，等血不流了我就上床休息了。半夜3点多的时候，我醒了过来。看到手上凝固的血液，我又一次情绪崩溃了，于是换新的刀片继续割，但大概是太疼了，我最终还是放弃了。

在停止割腕的时候，我想起我的爷爷奶奶。

我的生命里没有多少特别的治愈片段，唯独他们的爱是我的求生本能所抓住的最后一线温暖。

和妹妹不一样，我从小就是爷爷奶奶带大的，上学以后才和父母一起住。妹妹出生后，因为父母怕我影响妹妹，我又住到了奶奶家，直到初中才继续和父母住。

　　我每次和妹妹吵架，奶奶都会让我去她家住；小学二年级之前，都是爷爷接送我上下学；平时他们自己不会吃什么好菜，但是如果我在家他们就会做好多好吃的给我；我住校，奶奶担心我钱不够花，每次过节都会给我发红包……

　　我怕我死了，他们是世界上最伤心难过的人。

　　我不想他们为我这样难过。

　　第二天早上，妈妈无意看见了我的手，问我为什么要自杀。和上次吃药一样，她觉得我是在胡闹，没事找事。她只会质问我，而我憋了半天不说话，她也就放弃了质问。到午饭时，我受不了了，主动提出要去医院。那一刻，我的心里满满的都是羞耻感。在沟通之后，第三天我就去医院检查了。

　　到了医院，医生检查出来我是重度抑郁和重度焦虑，给我开了文拉法辛、阿普唑仑和甜梦胶囊。接下来的日子里，我时常厌食、反胃、干呕、嗜睡，状态十分糟糕。吃了一个多月，医院没药了，就只能一直等。直到后来我妈寄来了文拉法辛，阿普唑仑换成了佐匹克隆片，才又吃上药。

　　开学后，我到南京复查，又说是双相情感障碍，医生强烈建议我住院，但是住院费要两万元，太贵了，其他医院也挂不上号，只能预约到国庆节。这段时间我就继续回学校上学。

哪怕前路漫长，人生也在继续

回到学校，我就和班主任说我确诊了抑郁症，并且在接受治疗。室友也发现我每天睡觉前都会服药，她们在惊讶之余还是理解并接受了。老师和我的室友都比较照顾我的感受，我也接收到来自她们的善意，这在很大程度上帮我缓解了一些情绪。

我和室友小刘说了自己的经历以后，她很温暖地安慰了我。我的很多心里话都可以和她说，这让我很开心。

我开始用日记来收集自己生命里的生活碎片。它们通常以流水账的方式出现在本子上，比如今天食堂的饭不好吃，我突然很想念奶奶家的松鼠鳜鱼；两个男生在上自习课时吵架，结果被老师当场抓住训了一顿，还被惩罚手牵手和好……我没事的时候会翻开看一看，每次都觉得解压又好笑。

我还在日记里记录体重。我发现自己自从确诊以来，已经瘦了7斤，马上就要不到100斤了。虽然这是用胃口极差作为代价换来的，但能瘦下来这件事本身还是让我感到快乐。我决定等到能出校门，就去吃一顿好的奖励自己。

对于未来，我并非全无期待。

虽然在最开始的时候，我觉得自己对平面设计没什么兴趣，但毕竟已经学了这么久，专业成绩也还算不错，所以现在我还是想好好地把它学好，以后靠着它赚钱养活自己。就靠自己，不依靠任何人。用自己的能力赚到钱，才有真真切切的可以活下去的安全感。

我会很关注社会上的一些新闻，尤其是和我有类似经历的人。我知道我必须要活下去，这样才可以多传递一些正能量，哪怕微乎其微。

我希望天下的父母能明白，不论自己的孩子是男孩还是女孩，都要让他们从小就学会保护自己，要让他们尽早接触性教育，在遇到伤害的时候知道及时求救，而不是像我一样，什么都不懂，导致在未来的日子里留下难以磨灭的阴影。

至于已经留下阴影的我，也在努力想要摆脱这样的状态。

窗外阳光正好，繁花盛开。

未来漫长，美好还在等着我向它走去。

我就是爸妈口中的"垃圾"

LONELY

近些年，低龄化成为抑郁症发病的一个明显趋势。其中，留守儿童的心理问题备受社会各界关注。

出生在广州的秦赛和父母之间总是存在着一堵无形的墙。他是一名留守儿童，从小跟着爷爷奶奶长大，在经历了校园暴力、父母的冷漠和爷爷去世后，随即陷入无法自救的抑郁。

秦赛的大学老师试图引导他意识到自己的动机和情绪，帮助他自我察觉和疗愈，尽可能走出那个原生家庭带来的情绪深渊。

"留守儿童嘛，就是什么都敢干"

20多年前，秦赛的父亲还是一名泥瓦工。为了多赚钱，他砌砖、刷墙，横平竖直地干，起早贪黑赶工期，一个工程连着下一个工程，从年头做到年尾。

后来，母亲听说东莞那边服装生意好做，就跟人合伙在那边开办了一家服装工厂，父亲自然也跟了过去。两口子忙着做买卖，没时间照顾年幼的儿子。和20世纪90年代成批出现的留守儿童一样，秦赛被送到了农村的爷爷奶奶家。

哪有孩子不想爸妈的，有时爷爷奶奶随口说"今天你爸妈回家"，秦赛就搬来小板凳，坐在门口。但往往在板凳上坐了一天，太阳从东边落到西边，也没有听到妈妈的大嗓门和爸爸开车接近的声音，只感到无望。

大概是因为父母长期不在身边，秦赛很自卑，更害怕麻烦别人。一直以来他都很乖，每天放学从不乱跑，直接回家写作业。

转变发生在秦赛上初二的时候。那是一个周五的下午，他背上书包准备回家，刚走到楼下，突然就被一群不认识的学生围住了。他们先是推搡他，接着又把他拉到一处僻静的地方打了一顿，他没敢还手，也没哭。

回家后，秦赛感觉脸上又肿又疼，照了照镜子，看到脸上青一块紫一块的，眼泪立刻就流下来了。他不想让爷爷奶奶担心，更不想听爸妈在电话里唠叨，但又不知道该跟谁诉说。潜意识里，他并没有把求助父母当作一条有效且可靠的渠道，他想，父母一定会说是自己哪里招惹到别人了。

事后第二天秦赛才知道，因为班里有一个女生喜欢他，而另一个班的一个男生又喜欢这个女生。就这样，秦赛莫名其妙地被揍了。可气的是，因为父母不在身边，没人替他出头，这帮人毫发无损，经常找碴欺负他。

这件事发生后，秦赛暗暗发誓，既然没有人可以保护我，我一定要用自己的方法保护自己。他开始厌学，并且接触一些"同样没人管"的小孩，频繁进出网吧、KTV甚至酒吧等场所，抽烟、逃学、打架，一样不落。

"留守儿童嘛，就是什么都敢干"，正值青春期的男孩，借用这些方式"对抗"外界，从周围人的畏惧和避退三舍中寻找快感。

终于，秦赛成了人们口中的坏学生，成了社会上的小混混，没人再敢招惹他。

后来上高中了，母亲接秦赛去东莞上学，说是离得近，好照顾一点。但实际上，他们还是没有时间陪他，更别提关心了。这时，秦赛发现，自己对父母的感情已经很麻木，亲情也十分淡漠。见儿子整天一副无所事事、不求上进的模样，爸妈轮番指责他不学好："你怎么会和那些社会垃圾混在一起？简直丢脸。"

秦赛完全不在乎，顶撞他们说："你们凭什么干涉我？早干吗去了？"

上了大学后，秦赛选择住校，每周末回一次家。每次回家，父母就开始发泄对他的不满，说他不体谅他们赚钱不易，一点都不让他们省心。父母经济上的压力，秦赛青春期的叛逆，二者碰撞在一起，矛盾愈演愈烈。

"我生命中最重要的人，他丢下我走了"

秦赛觉得自己在父母眼里一无是处，心里堵得慌，于是尝试去求助学校的心理老师。老师劝他，你是太久没在父母身边待着了，慢慢适应吧，父母也不容易。

"他们不容易，我就过得轻松了吗？"秦赛愤怒地想。

秦赛的父母只顾赚钱，对教育毫无认知。秦赛试着和父亲沟通自己的情绪问题，父亲却不懂他的心思，觉得他是日子过得太舒服了才胡思乱想，依旧不为所动，丢下一句"不知道成天在想些什么东西"，就摔门而去。

家人之间的关系，就这么僵持着，甚至日渐恶化。

最激烈的一次，秦赛要去兼职，但父亲早上有事，母亲就提醒他给父亲准备好早餐。秦赛上完一个通宵的班后回到家，先帮父亲煮好饭，可他实在太困，没等饭熟就睡着了。醒来后，他听到父亲跟母亲抱怨说："我一天天那么辛苦为了什么？还不是为了这个家，为了儿子，现在回到家一口饭都没的吃。这是我拼死拼活供养的儿子吗？"

疲惫的秦赛在里屋听得清清楚楚，也没有出去反驳，他只是突然觉得累了。那两个被称为"父母"的人，此刻在他眼中是那么陌生。

晚上，秦赛继续去兼职。他给奶奶打电话，是爷爷接的，说："乖孙儿，吃饭了没有呀？"顿时，秦赛眼圈一红，嘴角发颤，再也忍不住，蹲在路边的草坪上大哭起来。他感觉，所有的伪装和坚强都在那一瞬间垮了。爷爷奶奶心疼极了，哄了他很久。尤其是爷爷，后来特地打电话给父亲说："孩子让你们带走是为了他好，而不是让他受委屈的。"

在秦赛心里，自己内心最深处的那份依恋，都来自爷爷奶奶，而不是父母。

和爷爷相处的很多个情形，秦赛都记忆犹新。夏天夜晚的田间，蛙声一片，爷爷带他去抓野味；在稻田的田埂上遇到蛇，爷爷把他护在身后；山间的池塘旁，爷爷带着他悠闲地垂钓；门前的小板凳上，玩心十足的爷爷趁奶奶不注意，偷偷让他吸一口烟斗……秦赛经常会想，所谓的老少乐，大概就是这样吧。

可他没想到，噩耗来得这么猝不及防。2017年6月，爷爷确诊肺癌晚期。两个月后，爷爷撑不住了。8月27日早上9点，爷爷去世。得知消息的秦赛没有哭，没有闹，甚至没有任何表情。

他默默退出了房间，在外面走了一圈。回来时，爷爷身边没有人，便拿了一个小板凳坐在爷爷身边。爷爷的手有点凉，他抓得很紧，想用自己的手给爷爷焐热。

"爷爷再也不会在我哭的时候摸我头了，再也不会在面临危险的时候下意识地把我护在身后了，这个我生命中最重要的人，他丢下我走了。"

"心理素质太差了"

没了爷爷，秦赛觉得自己已经没有勇气继续生活下去。那段时间，他整个人好像垮下来了，很简单的起床刷牙喝水都没有力气，不想做任何事。

因为整天都没有力气，一到人多的地方就出冷汗、手发抖，他的兼职也干不下去了。

"那种感觉就是魂儿都没了，身上的筋会不自主地跳，全身虚弱，还有胸闷气短。有时候朋友约我出去吃饭，原本都已经出门了，但到半路又突然掉头回家。"

他能感受到身体的异样，猜测自己也许是得了抑郁症，于是就去网上搜了一些相关的资料和心理测试，发现自己的情况和抑郁症极为相似：无端地感到情绪低落，悲观厌世，偶尔伴随着自杀的念头或自残的行为。

可他没有和父母说。早些时候，母亲就说："已经是上大学的人了，有吃有喝，又不用你养家，哪儿来的压力？"父亲也在一边附和着说："我和你妈年轻时吃了多少苦，也没像你现在这样，心理素质太差了。"

秦赛放弃了沟通，因为不管他说什么，他们都不会理解。他偷偷去了医院，几个小时后，他拿到了医生给的五张诊断书。那是他第一次进行心理疾病检查，检查结果和他预想中的并无多大出入。

只是当它变成白纸黑字，作为一种确凿的证明出现时，秦赛觉得有些刺眼：中度抑郁症，伴随有轻微躁狂与焦虑症。

但秦赛不想就这样消沉下去，他想用另一种方式让自己找到一点价值感，振作起来，于是，便把精力转移到了工作上。

尽管还在上大学，秦赛还是试着创业，试图以此让自己忙起来，忘记内心的忧愁。他用多年兼职的积蓄开了一家美瞳店，但不到一年就倒闭了。那一天，他一个人把剩下的东西搬回了出租房，特别凄凉。到了晚上，他合计了一下欠款数额，算上利息，一共

10万。

　　接下来的日子，秦赛十分窘迫，工作没找到，手头上的钱也分文不剩，还欠了外债。情急之下，他去了一家保险公司，而为了尽快找到客户签单，他差点被骗去做传销。

"人脑袋着地，是不是很容易死？"

　　"我像一只不断下潜的深海鱼，压力越来越大。"秦赛喃喃自语道。

　　他很要强，觉得男生不应该那么脆弱，只有一个人时才会偷偷哭一会儿。最后，他身体扛不住了，去医院检查，慢性扁桃体炎，需要手术切除。因为生意忙，父母替他办理完住院手续就走了。手术当天，他一个人跟着护士走进了手术室。医生问他："你家人呢？"他摇了摇头。

　　术后醒过来，秦赛没看到父母，只有医院的护工阿姨在身边。他满嘴血，不能呼吸，吃喝拉撒都非常不方便。他躺在病床上，看着白花花的天花板，心里是无边无际的绝望。孤独脆弱地熬过一周后，他一个人办理了出院手续。

　　出院那天，秦赛站在医院走廊里，脑中突然闪过一个念头："人脑袋着地，是不是很容易死？"他呆呆地看着楼下，有种想纵身从9楼一跃而下的冲动。

　　往后的日子里，秦赛的症状越来越严重。发作时，眼前的一切会扭曲成一团，没有办法睁眼，因为眼睛看着费力。糟糕的是，他的睡眠也越来越差，总是睡得很浅，半夜惊醒也常有发生。甚至有时候一晚上只能睡三四个小时，身体紧绷绷的，疼痛无比，心脏也会时不时地跟着疼。

他的反常和迟钝引起了班主任老师的注意。

老师是个刚过40岁的中年女人，她对秦赛说："你最近好像情绪不太好，愿意说说吗？"秦赛一开始还挺不屑的，说："生活这么操蛋，我没有一点办法，这不也是一种自我放逐吗？"

老师笑笑说："那咱们下回聊。"

秦赛没想到，她特意去了解了他的家庭状况，时不时地就来和他谈心，倾听他的想法。为了让秦赛多一些和人接触的机会，她鼓励他参加街舞社，竞选学生会主席，参加各种活动……

时间长了，老师的那份温暖和热心打动了他，让他终于有了可以安全依赖的对象。他也渐渐开始跟此前的那些狐朋狗友划清界限。

"当然，我没想过怎么跟我爸妈展示我的这些变化。在他们眼里，我就是一事无成。"秦赛说，"我会慢慢开始思考，该怎么让自己变得更加成熟以及更能承担责任。

"渡人，也是在渡己"

虽然有所好转，但秦赛始终担心，回到原本的家庭环境中，他的抑郁又会复发。他开始有意地避免回家，尽可能地减少和父母的正面冲突。通过网络，他认识了一些和自己同样有抑郁倾向的人。这些人虽然表面上看起来和正常人没什么不同，但同为患者，秦赛能很快从一些言语中辨别出他们。

秦赛和其中几个人成了朋友，彼此互相诉说自己的经历，互相安慰。"没人觉得我病了，他们只是觉得我想太多了。"这是秦赛听到的最多的一句话。

2019年，秦赛加入了一个抑郁症患者的网络社群，参加了几次线上的"陪伴者计划"。

"其实很简单，组织者会把同样是抑郁症患者的人进行匹配，以朋辈咨询的方式让患者互相陪伴，度过危险期。两个匹配到的人每天可以交流自己的情绪变化和抑郁感受，最大程度地做到共情。"

在某次陪伴者计划里，秦赛匹配到一个比自己小几岁的男孩。男孩患有双相情感障碍，而这病源于那个没什么文化、常年酗酒、殴打妻子的父亲。配对时，男孩说了一句"谁先跑谁是狗"。不知道为什么，听到这句话时，秦赛的心突然温润起来。他和对方互相给彼此取了小名，然后每天问候。聊了几天后，他们逐渐熟络。

有一天，陪伴计划的任务是两个搭档各自用手指比半个爱心，拍照后发出来，拼成一颗完整的爱心。男孩发了一张，背景是一只正在打盹的猫。秦赛当时正在小区溜达，也愉快地冲着路过的流浪猫比了爱心。秦赛发现，他的很多第一次尝试，第一次思考，都是男孩带来的，他从心底里感激。

陪伴计划结束后，秦赛很长时间没有男孩的消息。有一天，他鼓起勇气给对方发了条消息：很挂念你啊。这条消息好像触动了秦赛内心最深处那个柔软的地方，他意识到："原来我也可以这样对别人表达感情。"

2020年年初，秦赛的工作已经稳定，病情也控制得很好。他和几个病友得到了一些可靠的心理咨询，也对抑郁症有了更深的了解。

其实秦赛心里十分清楚，他只是把心结掩盖起来了而已，最核心的问题仍然没有解决。这场多年的拉锯战终究是没有结果，那是他和父母之间永远都无法逾越的沟壑。

内心深处的不安和自卑正是家庭关爱缺失造成的，现在，秦赛在努力跟自我和解。

他说："我现在可以尽己所能去帮助一些同样深陷抑郁的人，渡人渡己吧。"

遭家暴抑郁后，
我把丈夫送上了法庭

LONELY

　　家庭是最小的社会单位。当那扇门吱呀一声关上之后，里面的人到底如何相待，我们无从得知。

　　生活在北京的冉冉是一个公司小白领，也是一名家暴受害者。一年前的夜里10点多，她坐在椅子上被丈夫一脚踹飞，头撞在墙上鼻血直流，座椅的一个支脚撞在她的肋骨上，造成骨裂。那时，她不顾一切地冲过去，抱起丈夫正在打游戏的电脑显示器砸向窗外。因为是一楼，闹出很大的动静，邻居报警，一切才见了天日。

像猎物一样被猎杀

冉冉今年32岁，一米六左右的个头，皮肤不白但是五官精致。她在社交平台上的照片都是笑着的，嘴角一扬，露出一对虎牙。

然而在采访中，她总会下意识地回避与他人的眼神交流，因为她丈夫总会在对视时突然一巴掌甩在她脸上。

在生活被丈夫摧毁之前，冉冉热爱着生活里的一切美好。

虽说是北漂，但因为工作能力出众，她一个人租住在温馨的房子里。微博上，她总是随手记录下身边的美好，有时是天边的云彩，有时是猫舍里猫咪慵懒的睡姿，有时是一顿简单的饭。

在不幸发生之前，她和丈夫小马曾经是别人眼里的神仙眷侣。

冉冉在一家互联网公司做品牌传播，小马则是一家动画制作公司的原画师。小马是沈阳人，留给朋友们的印象大多是"客客气气""挺实诚的一个人"，以及"工作很好，赚得还挺多"。

一个是职场女精英，一个是忠犬系好男友，看上去两个人很般配，于是交往不到半年就举办了婚礼。

冉冉的闺密回忆说，那可能是她见过的最完美的婚礼，不奢华不排场，但新郎新娘的颜值气质就把婚礼提高了数个档次，尤其是新郎看冉冉的眼神，太有爱了。直到后来冉冉带着一脸的伤来找闺密时，闺密才意识到，婚礼上小马的眼神并非宠溺，而是"猎杀"。

事实上，早在恋爱时期，小马的"暴戾习性"就已经初现端倪。

小马刚拿到驾照时，冉冉说："我爸过段时间来北京看我，没事让他带你练练车吧？"没想到，小马突然伸出手掐住冉冉的脖子，把她的头摁在墙上，说："你瞧不起谁呢。"

冉冉被男友突如其来的失控吓得脑子一片空白，她并没有意识到这是暴力行为，以为自己真的说错话了，赶紧向他赔礼道歉。

有一次，冉冉和小马去逛商场，路过身高体重测量仪，小马马上便站了上去，结果显示身高为一米七九。冉冉打趣说："你不是说你一米八一吗？男生的身高果然很有水分呀。"

小马当时一脸尴尬，没再说话，但是回到家后，竟从厨房拿了一把菜刀出来说："就差两厘米，两厘米你都忍不了，要这么羞辱我？"

当时冉冉吓得整个人浑身发抖，她心想：天哪，他会不会真的一刀捅死我？我该怎么办？冉冉默默告诉自己，千万不要激怒他，同时央求他冷静。直到她假装不害怕地抱住他，他才把刀放下。但是，他一回到卧室，就一拳重重地打在了自己电脑的手绘板上。

那次之后，冉冉惊魂未定，越想越害怕，于是决定和小马提分手。但是小马没有同意，他每天都上门求她原谅，各种承诺、发誓。最后一次是凌晨2点多，小马刚喝完酒，醉醺醺地在冉冉的小区里站着，一边哭一边给她打电话。当时气温很低，冉冉又心软了，下楼给他送了一条围巾。

见面时，小马瞪着满是红血丝的双眼问冉冉："我就问你，能不能不分手？"冉冉欲言又止，刚想说"我们真的不合适"，小马又一记拳头，把单元楼的保安室玻璃门打了个稀碎。里面的保安赶紧拿着铁棍冲了出来，不一会儿，小区五六个保安都拿着家伙围了过来。

为了避免矛盾激化，冉冉一个劲地给保安们道歉，还承诺对被砸坏的玻璃门进行赔偿。小马在一边呆站着，面无表情，手上不停地滴血。

随后的日子，冉冉数次提出分手，但每次都不了了之。

有一次，不知道是通过什么途径，小马弄到了冉冉住所的钥匙。他闯入她的家中，一把拽起她的头发，把她往卧室里拖。冉冉死死地抓住门框，拼命挣扎，可他的力气太大了，她还是被拖进了屋里。他把她扔在床上，然后用枕头压她的头，还用脚踹她的身体，一旁梳妆台上的瓶瓶罐罐也全部被他砸了。

后来，小马干脆搬到冉冉的住处，和她同居。冉冉试图换房子逃跑，但每次被小马发现她偷偷收拾东西就免不了一顿暴打。

随时举起的拳头和随时下跪的膝盖

有时，冉冉也会和朋友还有小马的父母谈起这些事，他们都劝她，说小马只是太爱她，怕失去她才会这样。时间久了，冉冉再也不敢随意提分手。结婚是小马提的，她默不作声，在心里暗暗想，会好的，结了婚就会好的。

然而，结婚并没有让冉冉和小马的关系变得正常，而且小马还总是怀疑她出轨。

有时候，冉冉在半夜突然醒来，发现小马坐在床边盯着自己，手里拿着她的手机。他冷冷地问她："你为什么要和别的男人聊天？你有事不和你丈夫说，要找其他男人说？"其实，那些都是冉冉工作中普通得不能再普通的对话。

慢慢地，小马对她的控制延伸到了工作上。冉冉工作回家晚，小马特意问好回家时间，表面上是在家门口接她，实则是想看她是被谁送回来的。

最严重的一次，小马登录冉冉的QQ，把上面所有的异性都删除了，并且还用极其恶劣的言辞辱骂威胁对方。

小马伤害冉冉的同时也伤害自己，捶墙、扇自己耳光、用啤酒瓶砸自己的脑袋，甚至还扬言要开煤气和她同归于尽。冉冉被那种混杂着压抑、自责、崩溃的感觉折磨着，有时持续几个小时，有时长达好几天。

每次家暴后，小马都会下跪道歉，做出下不为例的承诺。等冉冉情绪缓和了，他又会反复解释"都是因为我太爱你了""都是因为你，我才这样"。这让冉冉一次又一次地相信小马的话。

这样的生活，掺杂着暴力、悔恨、原谅、希望……让冉冉心力交瘁，她在采访时如此形容这种绵长的痛苦："不是发生在某个瞬间，是日复一日、每时每刻。"

"我怕他真的会杀了我"

结完婚5个月，冉冉怀孕了，小马的暴力却没有因此停止。因为怕伤了孩子，所以他只打冉冉的脸，用圆规扎她的胳膊，用晾衣架打在她的后腰和大腿上。

冉冉尝试过报警。电话那边一听是夫妻，便好言相劝："两口子有事好商量，别那么大动干戈。"最终，冉冉只能对着接线员大喊："你们再不来他就要打死我了，我还怀着孩子！"

每次挨打，冉冉都会去不同的医院，开一些治疗跌打损伤的药物，"总是去同一家医院，别人也会怀疑的。"身上的淤青一时消除不了，她就穿长衣长裤遮起来，而脖子上的伤痕，她就只能用遮瑕膏或者头发来掩盖。

有一次，冉冉和闺密见面。那时，她头发凌乱，满脸淤青，衣服上血迹斑斑，走路都需要扶着墙或者家具。闺密气得发抖，问她为什么不离婚，大不了把孩子打掉。

冉冉绝望地说："我怕他真的会杀了我。"不是怕丢人，是真的怕被那个魔鬼杀害。

为了躲避挨打，冉冉就尝试住在闺密家。在此期间，小马跑到冉冉闺密的单位大闹，情绪激动，说她教唆妻子打胎以及和自己离婚……众人不明真相，纷纷指责冉冉闺密。

冉冉最害怕的一次，是那次从闺密家回到自己家。一回到家，小马就拽起她的头发，往墙上连续撞了数十下，"当时我觉得眼睛要瞎了，什么都看不见，脑子也一直嗡嗡响。更糟糕的是，我的肚子突然像被刀绞一样疼，我完全崩溃了，意识到不幸的事情要发生了。"

那一次，冉冉的头部、耳朵和面部多处挫伤，并且不出她所料，她流产了。

冉冉再一次报警。这件事惊动了公婆，冉冉被公公婆婆指责："你为什么要报警？你这样会毁了他的前途，你知道吗？他不就是脾气急了点吗？你和他好好沟通不就行了？""怎么好好的，孩子会流产？你是不是故意不想要孩子？"

长期的精神紧张让冉冉患上了严重的神经衰弱，整夜整夜地无法入睡。她的内心被恐惧占领，她觉得，没有当过家暴中的弱者，是无法体会这种恐惧的。明明已经困到极点，眼睛却睁着，她需要时刻在黑暗中保持警惕，才能缓解这种恐惧感。

冉冉怀疑自己得了抑郁症，便在社交网络上求助，问哪里能买到抗抑郁的药。她说："当时很希望有人能打个电话问问我怎么了。"

冉冉打电话给家里，哭着说自己被打，孩子也没了，结果父亲反问："是不是你做了什么对不起人家的事？"

听到这句话，冉冉心里那团微弱的火苗也被无情地浇灭了。"我感觉天都要塌下来了，"她觉得委屈又不知道该怎么办，无助得眼泪吧嗒吧嗒地掉，"我沙哑着嗓子无助地喊，我要怎么说你们才相信呢？"

从那以后，冉冉每每想起那句"是不是你做了什么对不起人家的事"，她就狠狠地咬自己的手背，直到咬出一道深深的牙印来。

她觉得只有肉体上的痛苦才能缓解心灵上的疼痛，根本没有意识到，这是严重的心理疾病的前兆。

穿行过地狱之后，光明才缓缓降临

长期神经衰弱带来许多连锁反应，记忆力减退、食欲下降、惊恐不安，低价值感和无归属感与日俱增，冉冉感觉自己的整个人生都要坍塌了。

她去医院检查睡眠，结果被告知是中度抑郁症。

她自己搜索了一些关于家暴的新闻，看到了曾轰动一时的"董珊珊案"。董珊珊多次被丈夫家暴，她逃回娘家，也曾报警，但最后还是被丈夫强行带走，暴打致死。

"反正这样下去，不是被折磨死，就是我自己去死。"冉冉的精神状态逐渐从萎靡不振发展成想通过自杀了结生命。

冉冉尝试过上吊。她把自己的丝巾系在小马的引体向上杆上，试图以此上吊，可就在要踢掉凳子的那一瞬间，她的脑子里闪过一个念头：我不想死。为什么该死的是我呢？我做错了什么？冉冉反复问自己，她意识到，自己必须起来反抗。

情绪彻底爆发的时刻来临了。一天夜里10点多，她坐在电脑面前工作，小马则在一旁戴着耳机打游戏。游戏输了，小马又开始骂骂咧咧，说冉冉是贱女人，花着他的钱还在外面不老实。冉冉说："你有事能说明白吗？别阴阳怪气的。"

小马不理她，继续满嘴污言秽语。冉冉忍无可忍，摁下了小马电脑主机的开关，瞬间游戏画面就消失了。

"你个贱人玩意儿，找死啊！"体重接近180斤的小马，一脚把不到100斤的冉冉连人带座椅给端飞了。

冉冉的头撞在墙上，鼻血直流。座椅的一个支脚撞在她的肋骨上，造成骨裂。那时，她不顾一切地朝小马冲过去，抱起他的电脑显示器砸向窗外，并像一头发怒的母狮一样吼道："来啊，打我啊，反正我也活够了，大不了一起死！"

据冉冉回忆，当时，小马的眼睛睁得很大，一副难以置信的表情。

因为住在一楼，当时的动静很大，邻居都以为是煤气罐爆炸事故。直到警察和消防员相继赶到，冉冉顶着一张满是伤痕和血迹的脸出现，大家才意识到发生了什么。

那一次，冉冉和民警进行了详细的沟通，因为把家暴与"家庭纠纷"混淆，而警察并没有拘留"家庭纠纷者"的权限，所以小马没有被拘留。

很多家暴者的报复，往往都发生在受害者报警之后。一个女民警提醒冉冉，可以申请人身安全保护令。

冉冉又赶紧在网上搜索相关资料，李阳家暴案中的受害人Kim[1]为她做了一个教科书般的示范。报警后，Kim向李阳提出4个要求：丈夫写下"我打了Kim，这不对，以后我不会再有暴力行为"的字

---

[1] 即李阳前妻李金，其英文名为Kim Lee，在中文语境中常被称为Kim。——编者注

据；丈夫要看心理医生；1000元罚款捐给反家暴中心；丈夫要发微博，公开承认家暴并道歉。

而Kim申请的人身安全保护令，在李阳多次试图家暴甚至扬言要杀死她的时候，都让他最终住了手。有了保护令，一旦发生家暴，将无须再走其他流程，派出所可以直接将施暴者强制带离受害人，由法院罚款拘留。

事情发展到最后，冉冉找了律师，起诉离婚。冉冉的证据收集得很齐全，包括受伤的照片，医院就诊的病历，派出所的笔录，闺密和邻居的证明，等等。律师告诉她，这些在法庭上都将成为关键证据。

小马的父母赶到北京，否认儿子家暴，控诉冉冉说谎，还明里暗里地表示，冉冉被打是有原因的。公公甚至说："这事要是传出去，所有人都知道她给她男人戴了绿帽子，我看她以后在工作单位怎么混。"

对冉冉来说，这样的话实在荒谬。她认为，那些不善意、"泼脏水"的话，是小马的家人在给他找理由。

"找一个打我的正当的理由罢了，他们觉得这样的话会让外人理解。可是你说，是完全没有证据地说我出轨影响大，还是我收集各种证据告他儿子家暴的影响大呢？"冉冉不以为意地说。她曾经在死亡的边缘徘徊，如今既然活下来了，她有了更多的勇气。她意识到，就该让伤害自己的人得到该有的惩罚。

采访的最后，冉冉并没有告诉我诉讼的结果，也没有说自己的抑郁症治疗得如何。但事后她给我发消息，只有短短的一句话：穿行过地狱之后，光明才缓缓降临。写下这篇稿子时，北京正值降温，冉冉又给我发了消息：起风了，要努力生存啊。

我想，百步之内，必有芳草。冉冉一定会好起来的。

我不是一名优秀的老师，我抑郁了

LONELY

刘胤川是延安杨家岭的一名教师。2020年春节后，全国各地中小学校为了兼顾防疫与教学，纷纷启动了线上网课。这本是一件好事，刘胤川却遇到了重重阻碍。

当地的孩子们都很苦，留守、贫穷、单亲、疾病、叛逆……这些词不再是一个个单纯的概念，而是夹杂着各种现实问题，一层层积压在刘胤川这个年轻的老师身上，让他深陷情绪谷底。

新手老师初来乍到

2013年，我大学毕业，怀着"十年树木，百年树人"的一腔热血，来到延安的一个偏远小镇做老师。

我所在的学校，在黄土高原最偏远的一个乡镇上。因为气候和环境，人们种地都只能选择土豆、高粱、糜子这样的作物，价格很低。村子里的青壮年都出去打工了，但凡能赚点小钱的家庭的孩子也都被送去城里读书了。

为了摸清各个学生的家庭状况，我挨家挨户去家访。可能是看我年轻，性格又外向，一来二去地大家就熟络了，乡亲们都管我叫"小刘老师"。

有一个女学生，叫小龙，她的妈妈是外地"来"的女人，生下她就跑回了老家。她爸爸早些年跑大车，后来在外地遇见一个有点钱的女人，女人离异带个儿子。小龙的爸爸当了上门女婿，把别人的儿子当亲生的养，自己的女儿却丢在山里不管不顾。

一年夏天，在小龙奶奶的"以死相逼"下，爸爸带着现在的妻儿回来了一趟，顺便路过学校接上了小龙。看着她爸爸抱着现在的儿子笑眯眯，小龙却躲在旁边不敢叫一声爸爸，我心疼极了。

我特意和小龙爸爸聊了聊。这男人轻描淡写地说："一个女娃娃，念那么多书有啥用，还不是要嫁人生孩子的？她自己识几个字，会数钱就行了。"说完，从胸口的口袋里掏出200块钱给我，说："老师，以后孩子缺啥你就买点，从这里扣吧。"

我心想，这200块钱够干什么的？两天后，小龙对我哭诉，爸爸还是不肯带她去城里生活读书。我突然明白过来，为什么那么多留守儿童，尤其是女童，上不了几年学就辍学了。小龙的爷爷奶奶一边种地一边还要吃药，如果小龙的爸爸不管她，她最多只能读到初中，因为没钱。

有的男生早早就学会了抽烟喝酒，学想上就上，不想上就翘课。一些女生也经常翘课，家里人也不管。到一个女孩家里家访时，我发现她已经开始学美甲了。这个14岁的女孩子一边娴熟地拿着指甲锉来回打磨自己的指甲，一边漫不经心地说："读书有屁用啊，还不如早点走出这个鬼地方，去大城市。"

随着学生人数下跌和教师待遇一直无法改善，学校的老师大部分都选择了离开，只剩下几个退休后代课的老教师，年纪大多超过60岁。这些上了年纪的教师精力衰退，授课水平下滑，课堂上也管不住学生。我来的第一年教数学，后来教语文，现在，我接管三个班的班主任。

我明白这些孩子各科的成绩都差，我又不是教学能力异常优秀的老师，也分身乏术，确实深感无力。

但我本身是一个极其爱和自己较劲的人，不然当初也不会选择来这么偏僻的地方教书。接下来的几年，我教课、家访、补课、批改作业，每天连轴转，没有一天休息的。

虽然很累，但不知为什么就是睡不好。每天都要到凌晨3点才勉强入睡，中途又反复醒来，基本睡不到4个小时。可能就是那会儿患上睡眠障碍的。

穷孩子怎么上网课？

今年2月份，我接到通知，某南方发达城市的教育部门特地选拔出上百名优秀教师，通过直播搭建一个"空中课堂"。参与在家学习的除了当地的近7万名小学生，还有定点帮扶学校的学生，来自甘肃、陕西等省偏远山区的近8000名孩子。

有相关报道评论说：疫情会促使"线上教育"进一步发展，线上教育是大势所趋，到时候只需要几个老师讲授，大数据搜集学生的问题并分类，老师线上解答。

"简直就是理想主义！"我气得摔手机。生气的原因很简单，我所在的学校，也需要同步进行网课教学，手机不贵，流量便宜，但对这里的孩子来说，这一切似乎都遥不可及。

要上网课，可什么是网课？好多孩子和大人都不知道。我只能再次一个个地去家访，给他们普及网课的概念。

我教过的成绩最好的学生叫宋权，六年级。因为家庭变故，孩子完全靠70多岁的爷爷抚养。爷爷之前当过兵，70多岁了腰板也是直直的，他拼了命地种地，就想着给孙子攒下以后的学费。爷爷好客，又觉得我是文化人，就邀请我去家里坐坐，但是宋权会在天色渐晚时悄悄和我说："老师，你得早点回去，因为我家住不下……"

我发现，爷孙俩的家里空空荡荡的，唯一的固定资产就是那两眼窑洞，能出声的电器是一台唱戏机，出门就靠两条腿。每次开学，宋权都要步行两个半小时到学校。

这样的家庭，生活仅仅能够维持温饱，哪里来的钱买手机、买平板、买电脑上网课？

乐乐是个四年级的女生。她的父亲已经50多岁了，有一台骑了很多年的摩托车，这是我的学生家长里唯一有现代交通工具的。可他的手机是一款十分老旧的诺基亚，按键上的数字都已经磨光，看不清了。和小龙的爸爸一样，他说女孩子能识字就行了，不用读那么多书。

我劝说了很多次都未果，你跟一个连自己名字都不会写的人讲教育，讲得通吗？这样的家庭，这样的爸爸，他会给孩子买一个智能手机，再花钱买流量给她上网课吗？

能上网课的家庭也不是没有。第一天网课结束，我需要查收家长们发来的"学习打卡"的照片。打开一看，这些照片普遍光线暗淡、像素模糊，画质粗糙。有的照片能大概看清整个家的环境，大都堆满杂物。有的孩子没有书桌，只能在床上学习。还有的孩子一边听网课，一边还要抱着嗷嗷待哺的弟弟妹妹。

到了第二次上网课的时候，宋权气喘吁吁地跑来找我，塞给我皱巴巴的30块钱，说："小刘老师，这30块钱够买一节课需要的流量吧？你手机借我上一次网课行吗？"

那一瞬间，我真的难过极了。

我们都寄希望于知识能改变这些贫困山区的孩子的命运，然而在这之前，他们就已经因为一条网线而和那些资源发达地区的同龄人拉开了巨大的差距。

"恨铁不成钢"

网课事件之后，我那该死的责任心又出来作祟了。

似乎是不服气，我想让这些孩子即使没条件上网课，也能学得好。我盼着他们好，尽自己最大的可能去引导他们，每天坚持备课七八个小时，做好教学工作。

失眠还是困扰着我，一般每个月会有两三天彻底失眠，后来慢慢增加到四五天。再到后来，无数个失眠的夜晚都将我吞噬。

失眠让我的脑子浑浑噩噩的，非常难受，我的脾气也开始变得相当暴躁。前一秒还恨铁不成钢，对学生发火，砸烂整盒粉笔，训斥他们"烂泥扶不上墙"，下一秒就感觉自己犯了不可饶恕的罪过，躲在宿舍里一遍遍忏悔，暗自难过。

即便是这样，我教课仍然很仔细，甚至到了强迫自己和学生的地步，每道题都反复问学生："都懂了没？没懂的人举手。"只要有人举手，我就再讲一遍。有时候下节课的上课铃都响了，我才走。我就是想证明自己的努力不会白费。

村子里有个天生有智力缺陷的孩子，连大小便要去厕所都不懂，只会穿着开裆裤在村里疯跑，是个谁见都害怕的孩子。他父亲教了他很久，总算知道去厕所了，但是不知道去了厕所还得脱裤子。因为穷，父亲娶不到条件好的老婆，只能娶一个患有精神疾病的女人，生下的孩子就这样了。

有一天，我班上的一个男生拿这个孩子开玩笑，连哄带骗地让他在自己拉的大便上点了小炮仗。"嘭"的一声，孩子被溅了一身的污物。我知道后，气不打一处来，用一根小棍子在那学生的小腿肚子上打了两下。

隔天早上7点多，恶作剧学生的奶奶来到学校，在食堂堵住了我，指着我的鼻子咒骂道："我孙子被你打了，我也要打回来。"这个头发花白的老太太，从食堂门口追着我，一边追一边骂咧咧的，一路追进我的办公室，然后"啪"的一声，一记耳光甩在了我脸上。那一刻，我整个人都蒙掉了。

当晚8点，我一口气喝了一整瓶高浓度白酒，一分钟倒地。再醒过来是深夜2点，我在镇上的医院挂吊瓶，浑身是汗。大夫是我另一个学生的家长，他安慰我说："小刘老师，我们都知道你受了委屈……"我再也控制不住自己的情绪，坐在病床上号啕大哭。

可能是因为担心我，大夫说："小刘老师，我看你脸色那么不好，人也瘦了好多，你要不要去大一点的医院检查一下呀？"

我想了一下，觉得这个建议很好，还可以让医生瞧瞧我的失眠问题。于是，我去了市里的一家医院，在医生面前情绪激动地说了两个多小时，直到他们快下班。最终，我被确诊为双相情感障碍，也就是躁郁症。医生想给我开病休证明，但我休息了，孩子们怎么办？我拒绝了医生的好意，让他给我开了一些药，就匆匆离开了医院。

虽然此前我隐约感觉到自己是有些焦虑，老逼迫自己，但我万万没想到是躁郁症。回学校后，我除了强迫自己继续教课，别无他法。因为情绪起伏变得不可控，我担心吓着孩子，就每天早上吃3片丙戊酸镁缓释片，晚上再吃3片丙戊酸镁缓释片、4片思瑞康和半片氯氮平，然后在床上打坐冥想，脑子里却还是一团糟，怎么都睡不着。

偶尔，我也向我爸妈说起我患躁郁症这件事，他们说我就是爱瞎想。我表妹是学医的，我给她打电话，想问问她那些药物吃多了会不会对大脑或者肝功能有影响。没想到，她在电话里连续数落了我一个多小时，"早就让你别去那种穷山沟里了，你偏不听"。

慢慢地，我连强迫自己教好这些孩子的干劲都没有了，每天浑浑噩噩地度日。睁开眼睛就开始自责，闭上眼睛还是自责。

有时我也喝酒，喝多了就哭，醉了就躺在地上捂住眼睛，浑身颤抖。我想喊，却发不出任何声音。

接纳不万能的自己

自从知道自己得了躁郁症后，我宿舍门口的酒瓶子多了起来，乡亲们也无人在意。倒是被一个老教师收集起来，拿到废品站去换几块钱。他在这个村里教了一辈子书，却还是未能转正的民办教师。

有一次我忍不住问他："干吗老捡瓶子换钱？"

他笑着说："现在挣的就是自己每月的生活费，养老金想都不敢想。这些孩子真的只有靠多念书，人生才有转机，也不会像他们的父母那样这么辛苦。"

我真正下决心要从躁郁症里走出来，就是从听到这句话开始的。每个人都在全力以赴地对付着平凡的人生，我不也是吗？

在这个偏僻贫困的山区，每个家庭的孩子都有这样那样的问题，没那么好管，和家长沟通更是困难。我还是希望能好好陪伴这群孩子，不求他们功成名就，但他们应该走出他们父辈的那种生活，去看看外面的世界。

从那天开始，我便和自己的身体、情绪展开了一场漫长的对抗。

不过说实话，我也不知道到底该干些什么。这地方海拔高、风大，过了8月份，只要下雨就要穿羽绒服。放眼望去，除了一片肃杀的黄土，什么都没有。我想了想，管它呢，跑步吧。

每天我依旧6点多起床，给自己做早饭，简单梳洗后走到村头开始跑。到了下午，孩子们放学后，我继续回到乡间的小路上追着夕阳跑步。5千米是一个奇妙的节点，之前感觉浑身散架了一样，腿都迈不动了，可5千米之后，我呼吸着夹杂着黄土的干燥空气，身体竟轻盈了起来，这让我感觉整个人都放空了。

时间久了，也有学生跟着我，我在前面跑，他们一群人在后面追，有说有笑。晚上回家，我拿热水洗把脸、泡个脚，入睡也不那么困难了。

又过了一段时间，我带的那届学生初中毕业，这一阶段的重任我就算是卸下来了，之后的路需要他们自己走。正好，县里市里陆续有教师招聘，那个老教师建议我赶紧着手准备。县里的另一个初中看了我的教学成绩，正好缺老师，想把我调过去。我思前想后，放心不下这些孩子，便选了县里的这个学校，这样我还能经常回来看看。

在新学校工作了两周，我经常听到办公室的老师们聚在一起说，学生怎么那么难带、值日怎么这么辛苦之类的话。每每这种时候，我都沉默不语，相比于那个偏远的山沟，县里学生的素质、家庭条件都好太多了……

有一天，宋权的爷爷搭别人的车来县里购置生活物品，还专门拎着一篮子鸡蛋来学校找我，说这是家里的芦花鸡刚下的。临走时，他又说："小刘老师，咱这地方穷，孩子也不好管，你可以爱他们，引导他们，你甚至可能影响个别学生的人生，但不可能影响所有人。"

宋权爷爷的话对我触动很大，我知道自己责任心过重，无限放大了自己能对学生产生的影响，这是当老师的大忌。而当我发现自己的能力精力确实有限，对教学能力不足的懊恼，对孩子们各个层面的现实问题的担忧，又让我陷入了强烈的自我怀疑。

现在，我的服药量已经减半，跑步的习惯则延续了下来。我不知道自己的躁郁症算不算好了，但我觉得自己还有救，这点希望源于我发现自己不是万能的，也解决不了一个地区几代人遗留下来的问题。

对了，宋权已经考上县里最好的初中。听说，小龙也终于要被接去城里上学了。这些我曾经倾注了心血的孩子们，可以像海绵一样去吸收扑面而来的知识。知识真的可以改变他们的命运，甚至可以改变几代人。

对我来说，这就是我梦想中的场景。

我不想成为妈妈那样的人

LONELY

正在念高二的形形患上了严重的抑郁症，几度自残自杀，被迫休学。

做班主任的母亲性格好强，离婚后，反复将对丈夫的怨恨和"望女成凤"的急迫施加在女儿身上。那些听起来令人极为不适的话，有时是暗讽挖苦式的揶揄，有时是"还不都是为了你好"式的教导。总之，母亲习惯性的打击和否定，像钉子一样顽固地留存在形形成长的记忆中，挥之不去。

如今，形形仍在持续治疗，但她认为，即使身处最绝望的深渊，也要坚持仰望星空。

"你和你爸一个德行，都该死！"

在上初中前，我觉得我的未来是无限的。

我爸是卫星发射中心的技术人员，在结婚前便长年驻扎在戈壁滩。我妈是本地一所重点高中的班主任，典型的金牛座，非常优秀的女强人。凭借他们的好基因，我从来没偏过科，喜欢星辰大海，也喜欢外语和文学，成绩也相当不错。

可谁能想到呢，在我小学六年级那年，我爸和一个戈壁滩本地的女人好上了，父母离了婚，我归我妈。

我妈就是从那时候开始失常的。她总是莫名其妙地把自己弄伤，然后大声冲我吼。

有时我上画画的兴趣班，灵感来了想在画室多待会儿，打电话说晚些回家，她说我不回来她就去死。虽然是教师，但我妈骂起我来，总能准确地用上所有恶毒的言语。我想，也许是我的性格和长相都太像我爸了。

有一次，她开车带我去外婆家，遇上大堵车，她想快一点，就一个劲地往堵车队伍里挤。我害怕，就小声地劝她说："妈，你这样容易出事故……"

还没等我话说完，她就歇斯底里地嚷道："你就这么想让我死，你咋不去死呢？你和你那个没良心的爸一个德行，都该死！"

好不容易到了外婆家，我妈又开始滔滔不绝地控诉我爸的"罪行"，而我自然而然又被外婆和几个舅舅灌输了一堆"你爸就是个恶人"的思想。我实在听不下去了，看见一袋贴着特价标签的水果，就顺口问了外婆一句："咦，那个超市又搞特价了啊？"外婆撇撇嘴没说话，我妈却转过身说："对啊，专门买给你这种便宜货吃的。"

那一瞬间，我好受伤。

上了初中后，学业负担变重了，我丝毫不敢懈怠，特别用功，每次考试都稳稳地排在前五名，但是我无论多么努力都追不上我同桌。每到期末，我回家时，我妈第一句话就是："你那个同桌考多少分？"哪怕我同桌只比我高了几分，我妈都会立刻气得青筋凸起，然后大声骂我。

她希望我方方面面都是佼佼者，这样她在她的班级里、学生家长面前，脸上才有光。如果我哪件事没做到最好，哪次考试没进入前几名，她就先吼我，然后开始哭，接着又在家里唉声叹气好几天，说我辜负了她的希望，说"你这样让妈妈在学生面前还有什么威信？"之类的话。

14岁时的一天傍晚，我吃完晚饭后赶紧开始写作业。桌子上还没来得及收走的碗和菜盘子被我不小心打翻了，散落了一地。我妈冲上来，一巴掌打在我脸上，我没站稳，摔在地上，手和膝盖都让碎瓷片弄伤了。

那天晚上，在我睡得迷迷糊糊的时候，我妈走进卧室给我擦碘酒，贴创可贴。第二天正好是周六，我妈给我买了一小块甜腻的奶油蛋糕，说："昨天是妈妈不对，可你也有错啊，这么毛手毛脚的，家里有多少东西经得起你这么折腾？"

"我是父母缺点的集合，我甚至想这是不是命运，会不会一辈子都这样累？"那是我第一次在日记里这样质疑自己。

我果然厉害，连抑郁症测试都能拿高分

我妈年轻时有个梦想，就是考上清华北大这样的名校。好像在那个年代的人眼里，好学校就只有这两所。

结果她没考上。家里就说去当个老师吧，于是我妈很不情愿地上了一个师范类学校。当初和我爸结婚，我妈也坚信，聪明的基因强强联合，孩子一定能上名校。

从我记事起，家里客厅的墙上就贴了一幅硕大的中国地图。地图上，北京被用红色标了出来。我妈说，清华北大二选一，那是她为我规划好的未来。

和我爸离婚后，她每次都说我是她唯一的希望。临近中考时，

我妈反复说："你必须考到我的学校来，这是省重点，相当于你一只脚已经踏上去清华北大的路了，知道吗？"

几次模拟考，我可能是压力太大了，没发挥好，我妈就再次威胁我，说我学不好的话她就不活了。

我明白，好好学习，出人头地，是我唯一的使命。每天5点多，我就起床背单词。白天课间，只要不去厕所，我都在做题。我强迫自己必须去想和学习有关的事。

中考结束的那个暑假，我的状态差到生活无法自理。别的同学都在外面撒欢玩，我却起床喝水吃饭都费劲，行尸走肉般在家躺了两个月。

所幸，如我妈所愿，我考进了她所在的那个高中。但是，我对生活越来越不抱期待，以前感兴趣的许多事情，都无法让我兴奋。

我怀疑自己是不是抑郁了，无聊的时候，就在网上做各种各样的抑郁自评量表测试。有一个测试说，250分以上为症状严重，我得了400多分。那一刻，我竟有些得意，心想：我果然厉害，连抑郁症测试都能拿高分。

我开始没完没了地做噩梦，我妈歇斯底里的哭喊、我爸转身离开的背影以及卫生间被血溅红的墙壁反反复复出现在我的梦中，挥之不去，有时甚至感到呼吸骤停。

因为精神状态越来越糟，有时我嫌我妈烦，就把自己关在屋子里听音乐或者画画，钥匙也被我藏起来了。每次我妈都站在门外把房门拍得震天响，使劲大喊。后来，她不知怎么搞到了我房间的钥匙，把我的画全给撕了。

放学回家，面对屋子里一地被撕烂的画稿，我彻底崩溃了，我妈却还在一旁说："都上高中了，别人都在为高考准备，你还有心思画画？"

那之后，我开始用极端的方式发泄：经常用美工刀在手臂上划"十"字，买不到酒就去厨房喝料酒，还试图离家出走……能想到的闹腾方式都用遍了。

有一回离家出走，我妈和几个舅舅在绕城公路上找到了我，不出我所料，见面第一句就是："你这孩子，说都不能说了吗？还学会离家出走了？"

还有一回放学，我鬼使神差地来到教学楼的楼顶，有一瞬间真想就这么跳下去，那样就什么烦恼都终结了。没想到，被几个偷偷来楼顶吸烟的同学发现，把我送到了年级组。众目睽睽之下，我只能谎称是去楼顶吹风透透气。

这时，我妈也赶到了，又开始长篇大论地控诉，指出我生活里大大小小的问题，说她为我牺牲了那么多，我怎么还不知足……"你就是个讨债鬼！"在我妈说出这句话时，我隐约觉得自己心里有根弦早已不堪重负，在这一瞬间突然断了。

呵，母爱这个东西，老天就没想给我。

我看着周围的人，沉默了差不多一分钟后，很冷静地说：

"妈，因为我爸抛弃了你，你就这么恨我？"我妈随之而来的歇斯底里，我已经听不清了，当时我的大脑活动几乎停止，只觉得非常疲惫，是那种怎么休息都缓不过来的精神上的无力感。

死了比这样活着更舒坦，不是吗？

在那次那么多老师和同学的围观后，我精神失控的次数越来越多了。

我身上长期带着美工刀，随时随地都想自残；我在班级里会突然大叫，或者大哭；我一失控就拔自己的头发和眉毛，有时拔得满头渗血；在画室画画，我总画一些晦涩血腥的东西，美术老师几次想劝退我；同学说我是变态，他们觉得我会杀了他们……

我成了整个学校的异类。年级组长私下告诉我妈："你女儿手臂上有很多自残的伤疤，你要不要带她去医院看看？现在的小孩，骂不得打不得，心理脆弱得很啊。"

我妈好面子，想堵住流言蜚语，十分不情愿地带我去了医院。我们转来转去，好不容易才找到心理科的办公室。我妈嘀咕着："怎么搞得这么偏？好难找啊。"

医生笑笑说："为什么我的办公室在最角落里？因为大部分人依旧以有心理疾病为耻，永远不去正视，所以很多人只能偷偷来看病，生怕撞见熟人。

我妈听完，尴尬地干笑两声，和我一起坐在走廊里等待。

没过多久，从诊室里走出来一个小孩，看着也就初一初二的样子。医生说："这孩子学习真的挺用功的。"然后，她母亲紧接着说了句："都是假用功，做样子给大人看的。"言语里那股子说反话、鄙夷嘲讽的味道，我真的太熟悉了。医生急得跳脚："哎呀，您怎么又说了？……"

无奈，真的就是无奈。无论怎么叮嘱，这些当父母的还是忍不住用这种讥讽的语气和孩子交流。医生们辛辛苦苦，像打补丁一样把孩子的心理问题解决了，家长来一句话，前功尽弃。

我环顾了一下四周，发现来看心理科的，竟然大部分都是年龄很小的孩子，有的还穿着校服。

我对面坐着的是个小姐姐，产后抑郁。她拿着药看着诊断书，手一直在抖。她身边坐着一个差不多也是十三四岁的女生，神情呆滞。因为未成年，医生必须联系她的家长。女生怕挨骂，不知道怎么办，那个小姐姐就说："要不我冒充你表姐吧，就说咱们一块儿来的。"

即使自己已经那么痛苦了，还在为别人着想，那个场景，看得我太难受了。成年人的世界很难，可现在的小朋友们也有着他们过不去的坎……

就算是已经确诊抑郁症，医生都站在孩子病床前了，这些家长还是热衷于在陌生人面前，无所不用其极地贬低打压孩子，把他们说得一无是处。即使是孩子真的在努力学习，家长也能扭曲成他们是在假装看书、假装用功。

相信自己的孩子有那么难吗？

承认孩子优秀有那么难吗？

孩子犯了什么弥天大错要被这样看待？

明明是自己生的，却好像是仇人一样，永远在用最恶毒刻薄的话摧毁他们，然后又反问："我还不都是为了你，你为什么不听话？"

终于轮到我进诊室了。

最终，写着"重度抑郁症且有严重自杀自残倾向"的诊断书交到了我妈手上。我妈盯着我，还是不敢相信，问我："你爸这样对我们，我都没想去死，你还要去死，你是不是整天瞎琢磨想太多了？"

青少年抑郁症的病因里，类似的家长永远不会缺席，所有人都知道，只有他们本人不知道。

孩子为什么会得抑郁症？为什么想死？就是因为你们这些不负责任的家长啊！

我希望把爱当作礼物送出去

确诊抑郁症后，我妈倒是紧张起来，把家里的剪刀锐器都收了起来。因为有严重的自残行为，医生建议我妈让我请假或者休学，连我外婆他们都特意上门来看我。那一天，我外婆、我妈和几个姨母坐着围成一圈，劝我：

"彤彤啊，你有什么想不开的？你妈妈辛辛苦苦把你拉扯大，一心想让你出人头地，你现在这样怎么对得起她呀？"

"你可别再干傻事了，这传出去，街坊邻居都知道了，说那谁家的孩子有精神病，多不好听啊。"

我妈接了话："给你办休学的时候，我脸都丢光了，自己是教职工，自己的孩子还抑郁休学了……"

我想起小的时候，我妈就问过我："我和你爸要是离婚了，你跟谁过？"我难以回答，只好默不作声。我妈又说："你爸找了别的女人，我咽不下这口气，你得给妈争口气，让你爸和那个贱女人看看。"

每当这些抑制不住的绝望情绪爆发时，我都觉得眼前昏天黑地，呼吸也变得沉重起来。好像站在沼泽中央，随时都要沉下去，害怕、痛苦得发抖，却没人可讲。

之后，我妈也开始和我交流，鼓励我的次数比过去十几年都多，不知是在补偿，还是在努力做个温柔的家长。

然而每次聊几句，都以她或者我的哭泣与歇斯底里告终。就像两个同时掉进水里的人，想救对方，却无可避免地也在拖累对方。

我终于意识到，溺水的人要自救，只能摆脱同样在水中挣扎的那个同伴。我重新开始画画，素描、水粉、水墨，需要静下心来一笔一笔去完成的，我都愿意尝试。

还记得每次都比我考得好的初中同桌吗？她主动联系上了我，每次我去看医生她都陪着我。

有一次，我们过马路时，她紧紧拉住我的手，我下意识地把手往后缩，但还是没有从她手中抽出来。她沉默了一会儿，说："分数什么的，都是家长之间的攀比，不是我和你之间的。"我心里一阵暖流流过。

我参加了一个线上"抑郁症陪伴者计划"，和病友们交流一些关于抑郁症的问题，包括日常用药啊，线上陪伴啊，鼓励打气啊，等等。总之，我就像找到了一个大本营，和大家一起抱团取暖，相互治愈。

漫长的服药和治疗过程持续了一年半。熬过最开始的恶心、头痛、手抖、心悸的药物反应后，我已经克服药物的副作用，能够安心入睡，极少做噩梦，生活也慢慢趋于正常。

以前，我觉得自己什么都不配，不配上好学校，不配有好的生活，不配有偶像，连换个好看的手机壁纸都不配。

现在，我开始理解我妈。或许，她也不知道怎样做一个完美的母亲，她不知道怎么提供包容的、自由的、无条件的爱。她以为的爱，被我爸辜负了，她也很可怜。

我不再执着于要考名校，成为人中龙凤。我想，也许我会做医生，做律师，或者创立一个自己的工作室。我以后的人生会有更多探索的可能。

我希望自己不要成为一个像我妈这样的人。

我希望我有能力给予别人无条件的爱，把我的爱当作礼物那样送出去，让对方快乐，就像我初中同桌在过马路的时候，紧紧拉住我的手。

不做笼中金丝雀，
挣开枷锁飞往自由

LONELY

　　小禾从小是个乖乖女，父母早年离异，后来她寄养在舅舅家。十几岁的时候，几乎每一天都要和舅舅接触，忍受他的精神暴力，这导致小禾在很长一段时间内否认自己的人生价值。2017年10月，她想要寻死解脱，但在最后一刻，求生意志升起，她找出心理咨询师的联系方式。

后来，小禾得到了妈妈的支持，成功逃离舅舅的控制。在能自由呼吸的地方，她宛若新生。她说："自己虽然不幸，但也是幸运的。有支持自己的家人和姐妹，有依托，才终于找回了自己，没有将本心丢弃。"

我没去过学校上课

在我7岁的时候，父母离异了，我跟着外婆在北方长大。

从小学开始，家里人就安排好了我未来10年的路。他们请了老师来教我弹钢琴，让我在家里自学学校里的课程，等再长大一些，去舅舅所在的国家留学。

因为父母离异，家里没有人可以担起督导我学习的责任，于是舅舅就将这个活儿揽到自己身上。

小时候舅舅对我很好，给我的压岁钱都是最多的，我也比较依赖他。有时候看到我做错了事，被妈妈和外婆训斥，他也会及时过来阻止，然后很耐心地把我叫到一边跟我讲道理。

后来他出国了，隔着半个地球给我网购书籍，都是精心挑选过的。如果我很喜欢某个类型的书，他过一阵子就会继续给我买。我儿时的书架上都是他买给我的书。

等到上初中，我自学课程已经有些吃力，于是舅舅每天下午都会打电话给我辅导学习。也恰好是这段时间，他在国外的生意状况不好，脾气开始变得暴躁，和小时候耐心待我的样子简直判若两人。每天在电话里，我都要受他的辱骂，有时甚至会波及父母。骂完他还要我总结每天的学习心得，总结得不好，就继续骂我。

印象非常深刻的是有一次比赛，他按照惯例问我比赛的感想。但那比赛对我而言并没有什么特别的，我就回答他："没什么意思，没什么好说的。"这激起了他的怒火，他连续骂了我两个小时。他说："家里人花钱让你去比赛，你却根本不用心准备，养你有什么用？"

幸而我小时候忘性大，加上外公外婆非常宠爱我，所以我每天只有打电话的时候会觉得自己很差劲，非常难受，但只要挂了电话，出去玩一会儿就会恢复元气。日子就这样一天天地过去。

期盼已久的出国留学终于来了

16岁的时候，我按照家里的规划出国留学。当时因为从来没去学校上过学，加上对即将去的国家有着极大的好感，所以我非常兴奋，对留学之旅抱有很大的期待。

可我没想到的是，自从住到舅舅家里，我就失去了人身自由。

从前每个下午折磨我的电话辱骂，直接活生生地出现在我眼前。舅舅身材高大，声音洪亮，每次发怒的时候都俯视着我，非常有威慑力。我常在他的言语攻击下瑟瑟发抖。

不仅如此，他对我有着极其强烈的控制欲。他限制我的一切行动，放学了必须马上回家，不允许我和朋友出去玩耍。在家里，不论我在做什么，只要他呼唤我，我就必须随叫随到。最关键的是，绝对不能违抗他的任何要求。

有一次，舅舅的孩子想要拽我头发，我不允许。舅舅看到了就说："让拽一下不行吗？"我还是不同意。于是他又发火了，说我住在他家里却连这都不愿意，赶紧收拾东西走人。之后，又是长达一个小时的辱骂。

因此，我变得很不愿意回家。不过，我幸运地认识了同班的好朋友小页，我和她在校内形影不离。小页立志想成为作家，脑子里有很多新奇的故事和想法。她很喜欢和我讨论作品故事的设定，偶尔也会写歌词，并让我帮她谱曲。通过和她的互动，我第一次有参与创作的感觉。而每次互动，我都能忘却自己的事情，感觉灵魂充满快乐和活力。

有一次，舅舅在家里组织了烧烤，让我邀请朋友们去参加。我以为这会是我重获自由生活的标志，便愉快地邀请了小页来玩。结束之后，舅舅开车载我和小页送她回家。她的家在湖边，房子是两层的，很漂亮。我情不自禁地说了句："小页，我可以去你的漂亮大房子里参观一下吗？"她还没回答，舅舅就很不开心地打断我说："不要打扰人家。"

到家之后，舅舅针对我说过的那句话，骂我骂到12点。他觉得我夸小页家漂亮，就等于我觉得他家不漂亮，进而觉得我嫌弃他买不起大房子、没有能力也没有钱。

我很绝望，对此不知道如何辩解，只能灰头土脸，任由他说。

自那以后，我再也不能邀请任何朋友来舅舅家里玩，出行也被严格控制。

舅舅去哪儿都想让人陪着他，因此，只要我在家里，他就一定会选择我陪同，不论是出门买菜，还是理发或钓鱼。我常常需要花费大量的时间去等待他，就算有万分不情愿，也无法违抗。

平日里，他还是按照惯例负责指导我的学习。可我在学校已经听过老师授课，觉得自己可以跟着课程学习，于是向他提出自己钻研学习各项课程的想法，但他还是要求我每天向他汇报所学习的知识点。而且，他总是熬夜炒股票，我也只能跟着被迫熬夜，从晚上10点拿着书在旁边等到12点甚至更晚。熬不住的时候，我就直接在地毯上睡着了，等他忙完又被叫醒。在我不清醒的情况下，汇报也就经常出现言语混乱的情况，于是又要挨一顿骂。

高一下半年，我喜欢上了一个男生，开始和他谈恋爱。这件事我告诉了舅舅，但仅限于说我有喜欢的男生。舅舅不同意，说我没有时间，因为我要教他的孩子弹钢琴，或者陪他孩子学习种花之类的。

他理所当然地认为，我要为他的家庭付出。哪怕是一些琐事，我若是独自快乐，就对不起他对我的所有付出。

我在他的长期洗脑之下，产生了一种我不配为人的感觉。

在舅舅的眼里，我是一个铁石心肠、自私自利、愚蠢而不自知的人。我在这个家里是多余的，他是出于亲情而不得不接纳我。这样的我不配谈恋爱，不配获得幸福。

很快我对男友再也提不起兴趣，就和他分手了，重新回到一个人的孤独里。

被精神控制的日子

这样的生活持续到高三上半年。那时候我准备考大学，虽然成绩能考上国外的大学，但学费非常高，我有些犹豫。这时候，舅舅忽然开始对我说一些奇怪的言论。

他说，在自然界里，想要获得什么东西都要付出相应的代价，而雌性动物给雄性动物付出的，往往就是身体。意思就是如果我要继续留学，就要献出自己的身体。此外，他准备给我1000元作为初夜的庆祝。

我对此极为抵触，更无法理解。我问他为什么会有这种想法，这样的行为简直就是罔顾伦理。他说："你是女人，我是男人，有这种想法很正常。如果你不在我的身边，我肯定不会有这样的想法。而你既然来到我身边了，你的存在本身就是一种诱惑，你怎么能要求一个男人对朝夕相处的女人没有性冲动呢？"

舅舅的理直气壮让我无比震惊。而自此，我每天都生活在他的洗脑言论中。我想象着他给我描述的"未来"，内心也有过动摇，犹豫是否要妥协。可一想到那样的未来要以不顾本心为代价换取，我又为自己的动摇感到深深的耻辱。

尽管我并没有同意他的要求，但在那之后很长一段时间里，我都活在自我谴责之中。我认为是我错了，是我的到来，破坏了他的家庭。我愧对妈妈和外婆，也无颜面对舅妈还有两个表弟。

我每天浑浑噩噩，脑海里充斥着舅舅的"动物性行为学"言论。我回想起小页和我说过的精神枷锁，我觉得对我而言，舅舅就是这样的枷锁，把我像金丝雀一样困在他的囚笼之中。我人生的每一步都被他设想和安排好了，不允许出现意外和差错。而这其中，也许还包括我的身体。

关于我的这些遭遇，小页从不知情。小页和我谈起未来和前程，她说她不会留在这里，一心坚定，毕业了就迅速回国。我也开始跟着思考，如果我也离开这里，回国，应该要走什么样的路。

我很羡慕小页有这样的决心。下这样的决定要顶着巨大的压力，主要来自家人以及周围人的看法，还有未来的不确定性。大多数留学在外的人都不会有这样的想法，这样做等于是付出了昂贵的代价出国，却只拿了个平平无奇的高中学历回去。从付出和回报的角度来说，这绝对不是理智的做法。但那时，我处处受限于舅舅，不得摆脱。我觉得自己已经连活着都极为艰难，何谈未来与前程呢？

与此同时，舅舅对我的日常辱骂从未停止过。我每天被他辱骂着洗脑，认为自己一无是处，非常痛苦。我挣扎了很久以后，觉得必须逃离这样的境遇。于是，我打电话和妈妈说："我想回国，或者去舅舅不在的城市，再也不想和他往来。"我没有提及舅舅的"动物性行为学"，所以她很不理解为什么我一点委屈都受不了，甚至还非常生气，认为舅舅对我这么好，我不仅不领情，还忘恩负义。挂电话之前，她还说了句"我怎么生出你这样的东西"。

这句话给我的打击非常大，让我一度想通过自杀来报复他们，但终究没有动手。

我想找个人倾诉这些事情，但又觉得着实难以和朋友启齿，就只能一个人默默独自忍受。

我还是无法决定自己是否要回国，只能麻木地按照预设好的继续留学的方案向前走，正常上学，正常毕业，正常参加国外的高考。我甚至还和老师探讨过未来要去哪一所大学，学什么专业。

我每天表面上按部就班地生活，心里却时刻忍受着折磨和扭曲。任何人随口一句对国外大学生活的憧憬，在我眼里都仿佛是对

"动物性行为学"的一种推动和预演。

慢慢地，作息一向规律的我失眠了。我在一个人的时候，会想着要如何自杀，也想杀了舅舅。而每当我再次听到舅舅的辱骂或者其他不堪入耳的言论时，我都会出现幻觉，好像我的灵魂已经升到半空，正俯视着我以及一旁的舅舅。

只要我在舅舅的视线范围内，我就感觉自己的生活技能都在退化。最明显的就是只要他在，我饭都吃不下。所以我就干脆以减肥为由，不吃晚饭，把自己关在房间里做作业，这样既可以少见他一些，又可以不被打扰。

后来，我终于无法承受了。我悄悄在一节自习课上，以练琴之名向音乐老师借用空无一人的音乐教室，并打电话给我在网上搜索到的心理咨询师，向她诉说了自己的经历和困惑。在开口的时候，我觉得自己是个病入膏肓的人，眼泪止不住地往下流。我一边哭泣一边诉说，但还是没能表达最困扰我的部分，仅仅是说了自己的难过。心理咨询师听完后，让我做了一份诊断抑郁症的测试题。题目很多，我做了很久，但都是很简单、很明确就能知道答案的题目。我做完后，心理咨询师得出的结论是中度抑郁。她让我最好尽快去当地医院接受正规治疗，但是我不敢去，只能表面答应，并感谢她的分析，让我知道我自己的情况。

幸而我所在的学校高三周五下午没有排课，我没告诉舅舅，因此每周都可以得到一个下午的自由时间。在这些时间里，我和小页一起去图书馆学习、写作业,一起去奶茶店吃炸鸡,听她畅谈自己小说的设定。也只有在这些时候,我才能暂时抛却心里的阴霾,沉浸在她构想的一个个奇幻世界中。她很喜欢和我聊这些设定,说我是她不可替代的灵感源泉。我靠着这些蜜糖一般的夸赞,才让自己的情绪稍微积极一些,撑过了那段最难熬的时期。

高中三年,因为机票太贵,我都没有回过国,就算是过年也是在舅舅家过。临近毕业的时候,妈妈来国外探亲旅游。当她看到我天天被人身攻击的惨状,才终于知道自己的女儿过着什么样的生活。她当场和舅舅撕破脸,并支持我回国,帮助我成功逃离舅舅的掌控。我非常感谢她没有成为压死我的最后一根稻草。

高中毕业我逃回了国内

自我回国以后,脱离了舅舅的掌控,我的生活好了很多。家人给了我极大的自主权,不论我想继续读书还是想直接投入工作,他们都愿意无条件地支持我。

外婆对我说,只要我身体健康,以后能够自食其力生活就好,别的都不要求。家人这样的支持给我的心理恢复带来了很大的帮助。

我用了半年的时间来学习,备考国内的大学。对此我压力也很大,很害怕落榜,于是玩起了"消失",对所有朋友都隐瞒了我回国的事，直到最后考上一所非常普通的学校才告诉他们。虽然比不上好学校，但无论如何，那也是一所大学，我未卜的未来总算有了些许着落。

朋友们很意外，但还是对我的选择表示支持，这让我感到些许安慰。

其中最高兴的还是小页。她是早就回国的人，知道消息后，很兴奋地表示要来见我，作为彼此的一种生活盼头。

现在，我已经在国内的大学正常学习，成绩也不错，还当上了班干部。每天要忙碌的事情很多，日子过得十分充实。再过两年就要毕业了，我有计划去小页的城市找工作，这样就可以经常见到我最好的朋友。

我的手机里还存着当年的抑郁量表，前段时间拿出来重新做了一下，结果已经显示为"良好"了。我觉得很不错，现在的生活状态就是我理想中的。

只是平日里，我还是会不时想起自己之前的经历，内心充斥着极大的不满和愤恨。也只有跳脱出那样的情景以后，我才发现，舅舅好为人师，控制欲极强。他不过是试图从他贫瘠的人生中寻找一些东西来吸引我的注意，又因为生意失败，他需要从某些地方满足自己虚荣的自尊心。我不是罪人，我并不欠他什么，而我的存在更是没有任何过错。

像网络上说的那样，你不能要求一个女孩子不穿裙子，因为那太漂亮。

　　每当陷入负面情绪的时候，我就会想起自己的人生经历。我从出国开始，被舅舅控制，那3年是噩梦一般的3年。可同时，在学校中有小页这样的朋友陪伴着我，对我而言又是前所未有的美好时光。而回国以后，妈妈和外婆给了我最大程度的支持和肯定，让我自由选择想做的事情，过想过的人生。

　　或许我过去确实是不幸的，但现在我很幸运。毕竟，不是所有抑郁症患者都能有像这样理解、支持自己的亲友来帮助自己走出困境。

　　我不知道这样类似的情况要在世界上重演多少次，只希望男孩女孩们能够好好保护自己，不要轻易被亲近的人恶言控制、否认自己的人生。

人前嬉皮笑脸，
人后独自抵挡抑郁

LONELY

小宁是个85后个体户，大二脱离父母的资助，自己创业，开了梦想中的画室。2019年4月，她确诊中度抑郁症，到11月发展为重度抑郁症。

一直以工作为重、性格坚强的她，此时抛开工作，拒绝出门，独自在家以泪洗面。一个月后，小宁去精神病医院挂号看病，吃药，配合医生的治疗，慢慢调整自己的状态。

她说，就算暂时无法将抑郁赶跑，也要做到心平气和与之相处。

外向的开朗，内向的自闭

我家境殷实，从小家里管教严格。拔尖的学习成绩，上层社会的礼节，对我而言是必不可少的。我在人前必须懂事，而个人的才艺方面也必须成为父母的骄傲。我在这种思想的灌输下长大，养成了情绪内敛、凡事自我消化的习惯。妈妈说我内向，觉得我孤僻、自闭。

我个子高，从小喜欢和男孩子玩。时间长了，性子也有些像男孩子，不懂得拐弯抹角，也不擅长撒娇，遇到事情喜欢自己解决，事事都想做到完美。

在沈阳上大学以后，我选择了艺术专业，从大二开始就跟着学长去家装店里实习。每天在工地里和施工队一起吃住，从那时候起，我正式多了个"小爷们"的称号。我性格大大咧咧的，看上去开朗外向，自来熟。但也仅限于表面的社交，若是有人试图和我更深入地交流、相处，就会发现要真正接近、了解我很难。

我这样做，一方面是为了能够安心学习和工作，得到更多锻炼的机会，为将来的事业积累经验，另一方面也是想得到大家的认可。因此我非常努力，沉迷于工作。从那时起，一直到离开沈阳回到家乡，我几乎都是一天一顿泡面，不是为了省吃俭用，而是对吃没有什么要求，也不容易饿。除了泡面之外，我最爱吃的就是面包，因为面包没有冷热之分，吃起来方便省事。

因为长期饮食不规律，再加上睡眠不足，我的身体频频出现问题。患肾结石的那段时间，除了一开始的住院治疗外，为了止疼，我每周都要去医院输液三次。有一次，我的胃病突然发作，但工作还未完成，我想坚持做完工作再去医院，结果疼到失去知觉晕倒，被同事送去医院。

我那时工作压力很大，创业失败的经历更是让我债务缠身，但种种辛酸与苦痛，我都一个人挺了过来。我以为我可以就这样一直独立生活下去，直到我遇见阿岩。

被伤害，要如何才能走出来？

那是2013年初的某一天，我要包车，而阿岩正是司机。我们认识之后，他开始频繁联系我。在我们互相熟悉之后，他主动和我说起他的经历，说他曾经坐过8年的牢，现在重回社会，有很多不适应。我觉得很奇怪，也很好奇，一般人不会轻易说出自己坐牢的经历，而我向来是个有事情藏在心里独自消化的人，突然被人以这样的姿态倾诉不好的遭遇，便对他产生了同情，也感觉自己被信任了。

后来，我们的交集越来越多，他开始认真追求我。我觉得他认真做事的样子很不一样，应该不是十恶不赦的罪人，这也加深了我对他的同情。渐渐地，我对他的感情就产生了变化。

不久，我们确认关系，住到了一起。

我不会做饭，在我的概念里进食只是为了活着。但和他相处之后，早上如果是我先出门，我会为他准备好早点，免得他总是抱怨家里只有面包之类的简易食品。

他每天开车接送我上下班，同居期间也跟我提过几次结婚。我一直以为，如果两个人相爱，结婚不必急于一时，就拒绝了，后来他也不再提这件事。但其实我心里是想与他结婚的，我永远记得奶奶出殡的时候，他披麻戴孝的样子，非常诚恳。他不善言语，总是做的比说的多，我相信他的人品，认定他是可以托付终身的人。

和他生活在一起的日子，尽管偶尔有摩擦和争吵，但更多的是平凡而触手可及的幸福。我们在家里养了宠物猫和宠物狗，相处融洽，氛围温馨。我很单纯地以为，他也很享受这样的生活，直到2019年3月，我发现一切不过是我的一厢情愿和自欺欺人罢了。

那天晚上他睡着了，手机放在一旁，上面的相声仍然在大声播放着。我不喜欢吵闹，就随手拿起他的手机想把相声关掉，却意外发现他微信置顶的聊天对象居然不是我。

我翻了一下聊天记录，他们会分享自己吃饭的照片，时不时地互发红包，甚至称呼对方"老公""老婆"……他们几乎每天都在这样热烈地聊天，如此亲密。

我一直以为，我们都是有原则、严守边界的人，异性朋友可以有，但绝对不会出轨。可没想到，他早已背着我和别人分享自己的生活和爱。

我身上沉着稳重的一面突然荡然无存，想哭又哭不出来，觉得可笑却也笑不出来。我不知道该去质问他还是直接分手，也想不明白他到底为什么会这么做。

我愣了一会儿，把手机放回他旁边。随后我拍了拍他的胸口，问他："××是谁？"他迷迷糊糊眨了眨眼，但很快就反应过来，说："你都知道了？"他言语间无所谓的态度让我烦躁不已，一时没缓过神来。

其实，很多事情回想起来是有端倪的。比如他突然变得每天出门前都会仔细打扮自己；比如几乎都是我主动给他发微信，嘱咐事情、分享情绪、开开玩笑之类的，却很少得到他的回复，就好像我在自言自语……我一直都太傻了，太过相信这6年来的感情基础，才会在知道真相后如此错愕。

6年的感情，一夜之间灰飞烟灭。

现在回想起这段经历，我仍然觉得恍惚和不真实。我在心里反问自己：这一切是梦吗？

我们分手了

和他分手后，我整夜睡不着觉，也没什么胃口，后来更是几乎不进食。沮丧的我，身体和心理都非常难受。

原来的我，不论身体如何，都一定会坚持上班，但那段时间，我屡屡旷工，把自己关在家里以泪洗面。我平时几乎没有为自己的病痛流过眼泪，甚至几年前母亲因为癌症去世，我也只掉了几滴眼泪。这次背叛严重影响了我的情绪，让我蓄了30年的泪水倾泻而出。

每当我感到悲伤的时候，我都会选择自残。我喜欢看血流出来的样子，它可以让我暂时忘掉内心的疼痛。如今，我手臂和腿上都没剩多少好皮肉，全是触目惊心的伤疤。

从2019年3月中旬开始，我每天晚上都发低烧，持续了一个多月，最后不得不去医院。一开始医生都没找出病因，后来才发现是阑尾炎导致的。在医生的建议下，我每天都到医院输液治疗，过了一个月才好。

复诊的时候，我和医生聊天，聊到睡眠问题。我说自己的睡眠状况很糟糕，每次睡不了多久就会醒过来。医生建议我去精神卫生院咨询一下，看看是不是有心理这方面的疾病。

我一想到自己竟然要去精神卫生院看病，就感到无比忐忑，害怕自己因为精神病被关起来。但我又没有其他办法，只能硬着头皮去。

精神卫生院和普通的综合性医院差别很大，光线阴暗，人也不多，显得相当冷清，甚至还让我联想起电影里的恐怖画面，不知不觉有些害怕。我小心翼翼地挂上了号，不敢多说话，也不敢弄出太大的动静。

挂完号后，我往楼上走去。走到楼上时，因为没有树荫遮挡，我的眼前顿时亮了起来，也安心了不少。到了医生那里，医生简单询问完我的状况以后，让我做了一份测试。根据我的测试结果，医生得出结论：中度抑郁。医生说抑郁至少会陪我五年以上，因为我总是自己扛下很多事情，背负巨大的工作和生活压力，并且没有很好地宣泄过，所以积郁成疾。再加上分手的打击，抑郁症状就爆发了。

医生让我放慢工作节奏，降低工作强度，并给我开了药。但我并没有配合治疗，而是又把自己关在家里两个月。这期间，医生经常通过微信和我联系，询问我的状况以及做心理疏导。在医生的劝导下，我终于开始服用抗抑郁的药物。

在后续的时间里，我和医生的沟通更多了，也更深入地了解了我得抑郁症的原因。我将这些病因全部记到手机备忘录里，也试着改变一些不利于我情绪的坏习惯。尽管这个过程挺艰难，但是我仍然在积极尝试改变。我不再把所有事情都闷在心里，开始和陌生人交流一些无伤大雅的心事，以此来排解部分负面情绪。

我以为的转机，其实也是变数

分手半年之后，我的生活迎来转机。

我有了一个可以互诉衷肠的朋友，多年之前我们就交换了联系方式，只是一直鲜有联络。我向他倾诉自己的种种经历，甚至连病况也告诉了他，而他也向我诉说了自己的故事。

他叫小于，比我小6岁，是一个很努力的创业者。我看着他就像看着当初磕磕绊绊创业的自己，所以在他生活出现困难的时候，我接济他到我家来住。我负责提供住所和三餐，他则需要在下班后帮我照顾好我的宠物。

我们的店面离得很近，所以我们可以一起上班，到晚上6点我再去他的店里找他，然后一起吃饭回家。

我希望有一个人能在身边陪伴我，而自从小于来到我身边后，我的睡眠质量和睡眠时长都提升了很多。我没告诉他，我给自己买了保险。我就是试图为未来可能出现的意外提前做准备。我也早就写好遗嘱，如果哪一天我比爸爸先走一步，我希望小于可以替我活着，也给我爸爸留一点念想。

我在小于身上默默寄予了很大的期望，但他本人对此毫不知情。

在2020年2月，由于疫情的原因，小于的事业遇到极大的困难，每个月都在亏钱。他被迫开口向我借钱，并且打欠条给我，约定每个月还3000元。我觉得没问题，就借给他了。前两个月他按时还了，但后来就还不上了。5月的时候，我问他为什么这个月没按时还上钱，结果他竟然冲我发火。冷静下来之后，他向我道歉，说他是在和自己发火。

我理解小于的焦虑，就和他说，一时还不上不要紧，但要提前和我说，这样我才能准备好相应的应对措施，我并不是在催他还钱。他便说，大概要到10月份才能继续还我钱，在那之前只能像现在这样。

小于不知道，在画室长期不能营业，没有收入的情况下，我给员工发工资都困难。而且，我把手上的流动资金全部借给了他，只能通过向家人求助来勉强支付员工工资。雪上加霜的是，我信用卡的征信这时也出了问题，但我只能两头瞒着，我不希望给小于太大的压力，怕他就这样离开我。

我在一开始与小于住一起的时候，就跟他说了我患抑郁症的事情。我很害怕生活的意外击溃我的心理，让我陷入糟糕的情绪之中，所以我准备了很多"需要改变计划的时候该如何和我说话"的沟通模板给他参考，试图借此在我们之间建立起稳固和谐的相处模式。

可小于还是在7月的时候突然跟我说，希望和我回到朋友的关系，而且他会搬回原来的住处，不会再来我家了。

如此突然的告别让我猝不及防，我没办法接受。哪怕提前一些告诉我，让我有个心理准备也好，但他没有，他说不回来就真的没有再回来了。

8月，我在严重失眠一段时间后接受了小于已经离开的事实。我安慰自己，回到朋友关系的话还可以继续正常聊天，可他的表现不像是要继续和我做朋友，而是要疏远我，要跟我划清界限。在把话挑明以后，我了解到他傍上了一个比他大4岁的职场女性，于是我们之间就只剩下债务关系，再也没有朋友的情分存在。

既然抑郁无法化解，那就与它和平共处

在小于离开后的一段时间里，我再次陷入抑郁的情绪，我想不明白为什么这样的事情总是发生在我身上。这两段经历给我最大的伤害就是，我觉得自己再也无法相信感情这件事。

在这之后，我定期找我的心理医生做治疗，一个星期两次，一次去半天。如今，经过一段时间的治疗，我的症状已经有所好转，只是偶尔还会陷入情绪的低谷，一想起自己过往的那些经历，就想要自残，也想报复那些伤害我的人。

好在疫情得到控制之后，我的画室重新开工，每天需要忙碌的事情多了起来，我又可以全身心地投入工作中去。在有收入的情况下，生活再怎么样也不会差到哪儿去。

平日里，我经常问自己周围的朋友，想知道他们对我的评价和看法。他们总是给我很积极的回应，说我各方面都很好，除了依旧不懂得照顾好自己。尽管他们在这一点上对我非常无奈，但我知道他们都是关心我的，所以我也很开心能够拥有这些好朋友。

对于伴侣，我已经没有任何想法。我想，不结婚也没什么不好，起码能保证不再受到感情方面的伤害。作为事业型女性，我还是更喜欢赚钱。赚钱也使我快乐，它让我感觉自己是有能力的，而不是一无是处。纵使生活不可避免地会出现跌宕起伏的状态，但如

果能够保证生活质量，那就没什么大不了的。

　　如今，我的抑郁还没完全治愈，不过，我不再那么抗拒它，并且已经习惯和它相处。它每次出现的时候，我都会很平静地面对，而每次它消失时，我也能很快投入正常的生活。

既然不爱我，
为何当初生下我?
LONELY

悠悠，从小在家暴以及精神虐待的环境中长大，付出的努力得不到父母的认可。2017年的某一天下午，悠悠突然全身疼痛，去医院被确诊为双相情感障碍。

2018年，悠悠从家里搬出来住，遇到男友，几乎以为自己要被治愈，但考虑到自己的原生家庭，最后还是选择了放手。

现在，她和狗狗在自己的小天地里相依为命，与抑郁抗争，岁月也和谐静好。

我没有作弊

我的父亲是一名销售，在外风趣健谈且幽默，平时靠着经营朋友圈和人际关系生存在这个社会上。在职场打拼多年，他很看重自己的面子和声誉。他对我的教育方式，也一直是高标准、严要求。

一开始上学的时候，我虽然学习成绩不好，但一直都很听父母的话，是个邻里皆知的乖孩子，父母对我也还算是疼爱。然而，这所有的一切，都随着一次不负责任的猜疑而被彻底打破。

那是一次考试，超常发挥的我得了班级里的头名。可能这样的成绩实在远超我平日的正常水平，导致班主任对我产生了猜疑，并向父亲传达了她很不负责任的推论：我作弊了。

父亲第一次对我动粗，他觉得我让他丢脸。在之后的日子里，为了证明自己，我将全部的时间和精力都一股脑儿地投入在学习里。在接下来的考试中，我每次都是满分或者第一名。

我以为这样就可以得到父亲的认可，然而令我无法理解的是，父亲并没有因为我的成绩提高而称赞或者表扬我，反而认为之前不理想的成绩是我在故意与他作对。这导致我再次受到父亲的惩罚。

在此之后，但凡我的成绩不是满分，或是没有拿到第一名，父亲都要对我拳脚相加。我就这样，成了父亲私下里发泄不满的工具。

一开始母亲还会阻拦父亲，但到后来就只是袖手旁观，甚至在父亲打我的时候还在一旁帮着父亲说话，落井下石。

不知情的旁人都很羡慕我的成绩，在学校里我也是被称赞的学习榜样。但只有我自己知道，每一次考试我都提心吊胆，生怕我的考卷被父亲挑出任何看不顺眼的地方，因为这又会让我遭遇一顿毒打。

我的童年生活，从一开始的幸福美满，到因为一次猜疑而产生裂痕，再到父亲对我拳脚相加，最后连母亲对我也陷入冷漠，这一连串的变化无一不让我如坠冰窟，感觉自己在被一点点地冻结，不管是肢体，还是内心；随着"家"这个地方，从温暖的港湾变成令人谈之色变的梦魇，我的心也随之越漂越远，感觉不到一丝温暖，充斥其中的只有对父母暴行的麻木以及对日后生活的迷茫。

我就这样在寒冷和黑暗中渐渐成长，宛若行尸走肉。

直到上大学，我的学习成绩一直很稳定。只是随着年岁的增长，我有了自主意识，有许多与父母无法达成共识的想法和观念。每次和他们争论，我都免不了被打骂与责罚。多年以来，我与他们的关系越处越差。而这些事情，除了我最亲近的闺密和我舅舅一家之外，再无旁人知晓。

每当我们一家三口一同出门，父母总要和我装成其乐融融的样子，以此赢取周围人对我们一家的好评和夸赞。而在这时候，我也会配合他们的表演，好像我和父母之间巨大的鸿沟根本就不存在。和我脸部的笑容形成巨大反差的，是我那颗无时无刻不被刺痛的心。我所表现出的所有乐观的情绪仿佛都是一张面具，让我不能顺畅地呼吸。

随着家暴渐渐频繁，我开始向外界求助，但总是被忽略。大家甚至会说，我的父母对我那么好，为什么我要那么说他们。我很无力，也很绝望。人们总是相信他们所看到的表面的假象，而不关心事情的真相。不管我所生活的环境有多么糟糕，他们永远无从了解。

小时候我有哮喘病，父母从不肯带我去医院看病，每次发作了就说我是装的，有时甚至还要动手。仿佛在他们的眼里，我就是一个谎言与欺骗的集合体，是一个不能被信任、需要严加管教的存在。我不知道这么多年自己是怎么活下来的，大概是已经变得麻木了。

我一直有一个疑问：是否暴力一旦牵扯到血缘关系，就会被弱化，甚至被美化成父母的管教是出于对孩子寄予厚望？好像那些暴力并不是什么大不了的事情。旁人总要孩子多听父母的话，别惹父母生气，而从不深究父母是否尽职尽责。

暖心的崽崽

在我20岁生日的时候，舅舅送了我一只小狗作为生日礼物。我一直很喜欢小动物，特别珍视它。它是一只很暖心的小金毛，我给它起名"崽崽"。

一开始的时候，父母反对我在家里养狗，尤其是父亲，虽然我极力把崽崽留了下来，但父亲还是不喜欢它，甚至偶尔会把脾气撒到崽崽的身上。

我不明白父母为什么如此针对我和崽崽，我所能做的只有尽可能保护好它。在家里，它是我唯一的精神支柱。

有一次，我和朋友们出去玩，我的一个女生朋友一直挨着表哥走路。表哥有洁癖，很排斥别人这样靠近自己，但他自己不好意思说，就向我发出求救信号。他觉得我们都是女生，由我来说比较妥当。

为了照顾她的情绪，我用很委婉的语气让她跟我一起走，但她似乎没有领会到我的意思。而另一边，表哥显得越来越焦急，让我不知不觉也跟着着急了起来。朋友觉得我是故意针对她，嫌她和表哥走太近，于是和我吵了起来。游玩结束后，我们就冷战了。

有一次，我和妈妈在街上碰到了她。妈妈像以往一样跟她打招呼，她没有搭理，妈妈就生气地和我说："她怎么这么没有礼貌。"她显然被这句话刺激到了，我想和她解释，但她扭头就走了。

后来，我和男生有不正当关系的谣言在同学之间传开了。起初我没当一回事，却没想到谣言越传越离谱，慢慢地，同学们也都相信了。从此，大家看我的眼神充满了轻视的意味，甚至还有一些异性会对我进行言语骚扰。

我不明白，大家为什么会相信这样的流言？闺密帮我问了一圈，我才知道，原来是跟我冷战的那个女生造的谣，而她为了让谣言看起来更"可信"，甚至还伪造了一些聊天截图和转账记录当作证据。大家看到"证据"，都毫不怀疑就信了她的话。

知道真相后，我把自己关在房间里。而父母听闻后，非但没有安慰我，还在房间门口对我破口大骂，说我爱得罪人，不知廉耻，落人口实。我只能抱着崽崽，在房间里安安静静地哭。我不敢哭出声音，我知道那会换来更加激烈的责骂甚至惩罚。

确诊双相情感障碍

在这样的环境下，我整个人变得浑浑噩噩，无法集中精力在我所要做的事情上。直到有一天下午，我突然呼吸困难，全身刺痛，心跳加速，我才知道自己的身体出了问题。我请了几天病假休息，但没有一点好转。我去医院看病，看了几乎所有科室，都没有确切的结果。甚至有个医生让我先做好心理准备："有可能是心脏病。"但我做了心电图检测，结果显示我的心脏并没有问题。

那几天，我奔波于各大医院的各个科室，到了家倒头就睡。后来，老师建议我去看看心理科，第二天我就挂了号。经过几次沟通测试和各项检查，在不同医院前前后后花了几万块，最终我在两周后被确诊为中度抑郁和重度焦虑。

在医院的时候，我的内心没什么波澜。从确诊、和医生谈论治疗方案，到确定治疗方案、取药，都是我一个人。到了家，我再也忍不住，抱着崽崽哭了几个小时，哭到缺氧，全身麻木。

父母不相信这个结果，带我去找另一个医生看病。那个医生轻描淡地说："不是抑郁症，而是双相情感障碍，又称躁郁症。"看着他们嫌弃的眼光，我根本不知道该怎么去向他们解释这个病。

我知道这个病极难治愈，只能强忍着不让自己情绪崩溃。到家之后，才卸下所有伪装，一个人在客厅坐了一下午，什么都没想，因为我的大脑一片空白，什么都想不了。

自从确诊抑郁症之后，父母总会没事就来刺激我，说我装病，要我在外人面前表现得正常一些，以免被人说闲话。我只是抱着我的崽崽，不想理会他们。

崽崽很听话，从来不会咬人，尤其是家人。在它眼里，父亲同样也是家人。只有在父亲打我的时候，它才会冲着父亲吼叫，护着我。可是没想到，父亲竟然喂崽崽吃巧克力，而我特别强调过，不能给崽崽喂巧克力。我哭着央求他开车送崽崽去医院，他不答应，坐在沙发上看电视。我只好打电话给表哥，一起送崽崽去医院洗胃。

在医院，我哭了一晚上，眼睛都哭疼了。表哥和表嫂也在医院里陪了我一晚上，而父母一个电话也没有。我心灰意冷，觉得在这个家里没有半点温暖。

崽崽好了之后，父亲还是照样对崽崽又踢又打。我无法忍受他这样虐待崽崽，终于在2018年年初，带着崽崽从家里搬了出来。

遇见男友

搬出来以后，我远离了最为困扰我的生活环境，整个人状态变好了不少。那段时间通过朋友介绍，我认识了一个很优秀的男生。他的朋友圈子特别干净，人也很好相处。我们互相加了微信，偶尔联络。他会在我发负面情绪的动态时来陪我聊天，关心我、开导我。时间长了，我们互相培养出了感情。他会邀请我一起出去玩，散散心。后来他提出交往的想法，我们就这样在一起了。

他工作很忙，但是会经常抽时间来陪我。每一次约会，他都会给我准备惊喜，带着我和崽崽一起出去玩。

我们感情一直都很好，几乎没有吵过架。我不高兴的时候，他哪怕推了工作也会过来陪我。我难受的时候，他也会照顾我和崽崽。生活中偶尔有一些分歧，但他不会拐弯抹角地试探我，也不会和我冷战，而是温声细语地分析问题，和我一起讨论解决的方法。

我在情绪激动的时候，会说很多伤人的话，而他不仅不会责怪我，还会反过来安慰我。在我情绪稳定之后，我告诉他，其实没有必要什么都忍着。

他对我那么好，但越是这样我心里越愧疚。我在深得他照顾的同时，觉得自己不值得被这样温柔对待。

我们在一起快一年，我见过他的父母，但是我父母没见过他，只是听我说过他。

后来，我父母莫名其妙地开始跟我说他的坏话，说他工作太忙了，根本没办法好好照顾我，还挑剔他的收入和家庭出身，等等。我无法忍受他被这样轻视，崩溃地蹲在地上哭了很久。

我知道自己的处境，如果男友继续和我在一起，将来免不了要和我的父母接触，而我的父母是如此狭隘与丑恶，我不想让干净的他也接触这些。

于是，我向他提出分手，开始躲着不见他，甚至拿自杀威胁他。他始终没有答应和我分手，但他害怕我伤害自己，只好不再主动和我联络。我们还保留着对方的联系方式。他暂时还没有找女朋友，所以我暂时也没什么心理负担。他值得更好的女孩子，至少不是我这样的。

有时候朋友约我出去玩，他在场，我也只是像普通朋友那样偶尔和他说几句话，对从前那段过往绝口不提。

一人一崽的生活

最近这段时间，我在家里陪着崽崽，没有出门工作。我尽量配合医生的治疗，将心态调整好。

父母偶尔会打电话过来指责我，继续说一些难听的话，但我已经可以做到不去理会他们的责骂了。

我闲来无事的时候会听歌，舒缓心情。

随着时间的推移，我能感受到自己的心理状态在一步步好转，愿意接受不同的事物，尝试和不同的人交流，也愿意从家里走出去，呼吸新鲜空气，感受阳光的温暖。

有崽崽陪在身边，让我感觉很踏实，很舒心，这种精神支柱般的存在一段时间内是无法被取代的。

我还年轻，也不着急做什么决定，暂时只想调整好心理状态，给自己一些时间和空间去思考自己的未来。

在抑郁这件事上，
你并不孤独
LONELY

第二部分　虽然抑郁了，但还是好想爱这个世界 //

Part two

或许世界上总是温柔的人居多，

又或许老天也不想让我死。

那些不离不弃的细微瞬间，

都让我还不想放弃生命。

抑郁是条黑狗，
我要牵着它走

LONELY

　　小圆是经历了"家暴"和"猥亵"的幸存者，从小被母亲严苛对待，后来积郁成疾，成绩下滑。在2019年10月，她被送去医院，确诊抑郁症、焦虑症、强迫症。12月，本已好转的小圆突然决定自杀。她留下遗书，吞服安眠药，割腕入睡，以为从此会一觉不醒。幸而得到救助，活了下来。

　　自杀未遂后，收获许多关心的小圆渐渐平复自己的情绪，努力接受治疗，与"小黑狗"好好相处。

童年时期

记忆中，我的童年是在无尽的打骂和不断的补课中度过的。我的妈妈是个很要强的人，不允许她的女儿不如别人；爸爸是个有点怕妈妈的人，在教育这件事上从不插手。

从幼儿园到小学，不管是课外的舞蹈、书法、绘画，还是学校里的作业和考试，家里人总要求我做到最好。一旦做不好，针、晾衣架、皮带、绳子、拖鞋、空心棍等就会成为惩罚我的工具，到最后妈妈甚至会直接拽住我的头发，把我的头往墙上撞，或者直接上手掐我，又或者直接扇我几个巴掌。妈妈是不允许我哭的，我一哭便会被揍得更狠，所以那时候我的胳膊和脸上，常常隔几天就会出现新的淤青和小伤口。

就这样，我连续好几年都生活在棍棒教育之下。后来我的主治医生和我父母说，是过于强烈的"成绩第一"的观念，潜移默化地影响了我，让我形成了完美主义的性格，这同时也是我得强迫症和抑郁症的源头。

我的童年不止遭遇过家暴，还有一段难以启齿的经历。在我上幼儿园中班的时候，有一次我走在回家的路上，被一个陌生男子拉到我家附近一栋楼房的楼梯间，只记得当时他说"小朋友，你衣服没系好，叔叔帮你系"。虽然在他要扒拉我的裤子的时候，我奋力挣脱逃掉，但每逢雷雨天，我都能想起那座破败的旧楼，那个黑暗的楼梯间，以及那句"叔叔帮你系"。因为害怕，也因为那时候不懂事，还不知道什么叫猥亵，我只是下意识地觉得恶心，便没有和父母诉说。

青春期前期

初二初三的时候，我的成绩大幅下滑。我并没有因此得到父母的关心或者安慰，反而是一次比一次狠的打骂。那时候，可能是因为妈妈"望女成凤"的心太过急切，她常常不分场合和地点，当着全办公室的老师或者全班同学的面扇我耳光，一次次地将我与"别人家的孩子"进行比较，一次次地在众人面前碾碎我的自尊心。

除了打骂，父母最擅长的便是"恶语贬低"。在他们眼中，我只是个样样不行、成绩很差、拿不出手的人。可是他们都忘了，他们的女儿以前也是"闪闪发光"的人。

从一开始的"你怎么什么都不行？你就是个垃圾"。

到后来的"你怎么不去死？你死了我们都会过得很好，你干脆死了好了"。

每次他们打骂和恶语相加，我都感觉自己就快死去了。被拽头发、掌掴的一瞬间是很疼，但这些话更让我窒息。我不敢流一滴眼泪，那时，我常常想：或许我死了对谁都好吧。

日后回想起来，我发现其实在初二初三的时候，我就有过各种各样的抑郁征兆，比如对学习丧失兴趣、易怒易哭易躁、常常把"好想去天台啊"挂在嘴边、自我封闭等。起初我以为只是自己无法控制情绪，是单纯的颓丧，却没意识到抑郁症真的会降临在我身上。

初三临近中考的时候，学校的学业变重，所有人都在紧锣密鼓地复盘知识点和考点，被老师们赶鸭子一般督促着学习。家里人也进一步对我施压，想让我在关键时刻努力一把，上个好一点的高中。但我总是觉得自己很难达到他们的期望，反复自责又动力不足。长此以往，我内心痛苦不堪，终于第一次拿起美工刀自残，却也没敢下重手，就在手腕上浅浅地划了一道。那把刀有点钝了，我的手腕当时只渗出了一丝丝血液。

我没有感觉到任何疼痛，第二天醒来，我似乎从这种行为中感受到解脱，甚至还有一丝快感。从此，我的铅笔盒里多了一把美工刀，在情绪不受控制时，我就狠狠地在自己的胳膊上划几刀。

那时"抑郁症"这个词还没有普及，"心理健康"还没有像现在一样受到人们的重视，所以我只是把自己的行为归因为情绪冲动。

一开始出现这种情绪，我只觉得是因为一天的忙碌之后，到了夜里容易胡思乱想，想一些暗自忧愁的事，没什么需要特别注意的。慢慢地，这种忧愁越来越深，我发现自己在被这种压抑的情绪吞噬。我试图寻找原因，但朋友们都说这很正常，人到了晚上就会情绪低落，大家都一样。我只好认同这样的说法，安慰自己只是一时矫情罢了。

青春期后期

我糟糕的中考成绩让我上了当地一所不太好的高中，进了一个不怎么好的班级。最开始的时候，我状态很低迷，无心上进。到了高二分文理科时，我选择了擅长的文科。在班主任的严格管教下，同学们都非常努力，我的学习热情也随之高涨了起来。

我开始努力学习，期中的成绩终于冲进年级前十。我高兴了一段时间，但很快，我又想起初中时成绩下滑的情形，不自觉地陷入低落而忧郁的情绪之中。在这种情绪的干扰下，我的学习受到严重影响，成绩下降得很快，年级前十的排名自然也没办法维持。于是，班里出现了各种各样的声音——"你看，其实她根本没那么厉害""说不定她那次是抄的呢"……

这些窃窃私语让我越来越不安，我害怕他们，特别是他们看我时的目光。从那时起，我开始头疼、胸闷，也变得更加敏感、封闭。

高二下学期，随着天气越来越热，我的症状越来越严重，一做卷子就头疼无比，成绩也直线下滑，一次比一次考得差。我坐在教室里，时常觉得呼吸困难，仿佛得了绝症一般，坐也坐不住。无知的我还以为是自己学习态度不端正，太浮躁，才会坐立不安，学不进去，所以仍然强迫自己在教室里学习。

看着直线下降的成绩，我每天都无比焦虑、自责，觉得自己是没用的废物，有时看到窗外甚至想直接跳楼算了。我经常不受控制地情绪崩溃、号啕大哭，还对生活丧失动力，什么事情都不想做，甚至最喜欢的随笔都被搁置在一旁。我的大脑像出故障的电视机，只剩闪烁的雪花点，无法播放任何内容。

或许我的成绩下降得太厉害，又或许我的状态糟糕到明眼人都能看出来，于是，2019年10月3日，班主任和我的父母通了电话。在班主任的建议下，父母带我去了当地专门的精神病类医院。医生阿姨是个很温柔的人，细声细语地和我讲话。最终，诊断的结果是"轻度抑郁症＋中度强迫症＋中度焦虑症"，医生给我配了舍曲林和扎来普隆。

刚开始吃舍曲林，除了伴有嗜睡、震颤、干呕、食欲下降外，我整个人出奇地平静。我常笑着对朋友说："活了18年，第一次知道'心如止水'是什么感受。"不仅胡思乱想变少了，整个人也变得平静下来，并且还很容易有愉悦感，忍不住就会嘴角上扬。

平静的日子持续了一段时间，直到年底，我的生活再次崩盘。

或许是模拟考试成绩不尽如人意，也或许是学习压力空前巨大，2019年12月21日，我决定在寝室自杀。

"对不起啦，生而为人，对不起自己，也对不起他人。我好像真的是个很糟糕的人吧。天天装开心真的很累，装不动了也不想装了。我的梦想是成为那个站在山顶上的人，但现在我好像爬不动了。那就先行告退啦……"我在遗书中写下这样的内容。

"大概是我最后一条微博吧，12点晚安。"我在抑郁症超话中留下了这条微博。

"和他好好在一起吧，好好学习……"
"按时吃饭，好好长大……"
"对不起啦，我先走啦……"
我在微信上给一些我牵挂的人发了这些信息。

写好了遗书，我拿出之前攒起来的药。药是复查的时候开的，一共六七盒，两盒是扎来普隆，另外几盒是舍曲林。我很木然地取出药，就着水，艰难地一口一口吞了下去。药比较多，我吃到一半觉得非常苦，还有些反胃，但还是硬吞了下去。然后，我怕只吃药不足以致死，又拿美工刀划破了手腕，以为这样睡着之后，就再也不会醒过来。

或许世界上总是温柔的人居多，又或许老天也不想让我死。我还没有来得及吃完所有的药，朋友们就纷纷发来消息，或者打来电话劝阻我——

"有什么事等我回去再说好吗？"

"你要乖啊，我一直都在呢。"

"你也要好好的呀，还要上大学呢。"

"姐妹，我在长沙等你一起跨年好吗？我带你喝茶颜悦色，吃臭豆腐、小龙虾。"

"2020年会很好的。"

后来我才知道，那天晚上，是微博的"小伙伴们"报了警，是朋友们在大半夜打电话给班主任。那一晚，朋友、班主任、宿管、警察被我折腾得一宿没睡，最终把我救下。万幸的是我药吃得不太多，当时除了头晕目眩、四肢发抖外没有其他不适。在宿管老师的陪同下，我蒙着被子睡了一觉。第二天，经过讨论后，我被送回家休整了一个星期，也由一个住宿生变成了一个通校生。

自杀未遂的结果，就是被父母看得更紧，感受他们的担心和难过。回家休养的那一星期，我也不知道自己是什么心态，只觉得自己就是一个工具人，为了配合各种人的关心和安慰，不停地保证以后不会这样了，会积极生活。但我内心的痛苦未曾减少半分，挣扎也愈演愈烈。

后来我又去了一趟医院，要吃的舍曲林从每次一粒增加到两粒，扎来普隆从每次半粒增加到一粒，并且又多配了一种叫"劳拉西泮"的药。

这些药一开始的时候对我很有效，但后来不知道为什么就没什么作用了，我也一直没时间去医院复查，就这样耽误了治疗。

接下来的高三是我一生中最黑暗、最孤寂、最绝望的一年，巨大的压力几乎把我完全摧毁，我觉得我今后人生的任何时刻都不会比高三更糟糕。

这一年，表面上我风平浪静，和人有说有笑，但其实我早已难堪重负，徘徊在彻底崩溃的边缘。我感觉自己每天都浑浑噩噩，没有一点想好好活下去的欲望，动作迟缓、行动无力、沉默寡言，终日以泪洗面。有人在的时候，我才能尽力忍住不哭，而一到没人的时候，又自己待在角落里默默流泪。我变得懒惰，记忆力、判断力下降，无时无刻不在自责内疚，找不到可以让自己安身的地方。

好在高考结束以后，我迎来了短暂的解放，压力一下子释放了。但没过多久，成绩出来了，我的分数距离本科线还差两分。我的情绪骤然崩溃，妈妈还在一旁对我的成绩唠叨不停，导致我更加难过。我怕父母担心，就没有将糟糕的精神状态在他们面前表现出来，他们也觉得我应该早就没事了，所以没有及时带我去医院复查。我每天都会想到死亡的事情，想到自杀，但都克制住了，没有实施。

如今现况

如今，我已经上了大学，新环境和充实起来的日常生活令我的情绪稳定了一些，我也开始恢复一部分思考能力，但还是比较迟钝，特别是在考试中，我需要不断地掐自己才能集中精力去思考。

慢慢地，我逐渐明白，我的很多压力其实都源于自己，虽然家人在我14岁以前给了我过多期待，但在之后并没有给我施加什么压力，是我自己一直在强迫自己按照他人的期待活着。我从小到大都精神紧绷，害怕做错哪怕一点点事，害怕偶尔的失误被人发现，害怕他人的嘲弄，害怕别人对我有意见……我努力地迎合他人，没有一时半刻活得像我自己，就连心理出现问题之后的很长一段时间，我都还在急切地期盼自己快点好起来，回归"正常人"的行列。我怕别人指责我，却又在心里埋怨他人。我把自己的问题归咎于他人，却从没想过他人也只是专注于自己的生活而已。每个人都忙于自己的生活，哪里会有闲暇来约束我，这不过是我平白无故的臆想而已。

我要做的并不是与我的坏情绪对立，因为坏情绪并不是独立于我而存在的，我不能把情绪当作我的敌人。如果我为了变"正常"而过分地和我的情绪对立，只会激起它更猛烈的反抗，这样的话，我和我的情绪永远不可能和解。我要做的应当是顺其自然地生活，顺应自己的情绪，不过分要求自己，接受情绪的起起伏伏。我流泪不再是因为与情绪斗争而遍体鳞伤，而是因为能够平复、驾驭情绪后的释然。

大学期间，我和新同学朋友相处得很和谐，也不再需要装成没事人的样子给家人看了。但为了稳定自己的情绪，我还是会去医院看医生，听从医生的建议，也服用一些新药。虽然药物的副作用很大，让我整整瘦了一圈，但是我的情绪确实能够稳定许多。每天吃助眠药物入睡，我在深夜就不至于陷入胡思乱想。

我开始逐渐增加阅读量和运动量，让自己的生活越来越积极向上，虽然还是有些困难，但我能鼓起勇气推自己一把。现在的我可以坦然地面对过去的自己，我不再孤立无援，而且我自己就可以成为自己的后盾与救赎。

两次坐轮椅，数次自杀，70 岁时我还想继续活下去

LONELY

在成都生活的姜阿姨今年70岁。

20多年前，她得了类风湿性关节炎，一度严重到双膝关节骨融合，还坐了两次轮椅。在与疾病缠斗的日子里，她尝试过各式传统疗法与江湖偏方，吃尽苦头，患上了中度抑郁，还有将近20年的重度失眠。

在丈夫的悉心照料和鼓励下，姜阿姨在2009年开始使用一种新型的生物制剂，困扰她半辈子的关节炎有了明显好转，抑郁失眠的情况也在持续改善。以前她总觉得，多活一天算一天，而现在，古稀之年的她重拾了人生的希望。

病痛让一切跌入谷底

我从小就喜欢运动，中学还参加过市里的排球比赛，拿过奖。

1996年5月的某一天，天气又闷又热，我刚结束单位里的一场友谊赛。下班回到家，像往常一样把手泡在水池里洗菜。第二天，我发现双手的手指肿胀僵硬，还隐隐作痛。去医院检查，医生说RF（rheumatoid factor，类风湿因子）呈阳性，怀疑是风湿性关节炎，给我简单开了一点药。

吃了几个月的药，肿胀和痛感一点都没消除，我又专门挂了专家号复查。那个专家医师拿着血检报告，告诉我尿酸有459，偏高，应该是痛风。我虽然对指标也存疑，但心想专家应该不会出错的，便回家吃医生开的痛风定胶囊。

没想到，身体上的酸痛肿胀完全没有缓解，反而越来越严重，一双腿像被灌了铅，从卧室到客厅的距离，我挪步都费劲。尤其到了晚上，疼痛加剧，我每隔5—10分钟就要换一个睡姿。

丈夫第二天要上班，我怕影响他，翻身时就尽量慢一点、轻一点，这样的结果就是疼痛会更剧烈。

后来，我又去复查，再次确诊是关节炎，那会儿我的关节面已经出现下翻和软组织严重肿胀。一些亲戚朋友劝我，西药副作用大，搞不好会损坏肝功能、肾功能什么的，我就开始接受中医治疗。家里的墙壁贴满各种偏方，厨房成了药材仓库，终日弥漫着中药的涩味。

几年里，我做了针灸，尝试蜡疗、水疗等各式理疗，吞了数不清的粉末和药丸，疼痛感依旧没有消除。但我没有意识到，病痛让我的精神状态也出现了异常。

因为全身都是游走性的疼痛，我越来越睡不着觉，有时干脆就在客厅的沙发上靠着，还不会影响丈夫休息。我不记得就这样度过了多少个无力的夜晚，看着窗外的天空一点点地亮起来，绝望的一天，又开始了。

比药更苦的是这样活着

睡不着觉，脑子就会不受控制地想很多事。

女儿已经成家，女婿对我们也好，我都这把年纪了，人生也没什么别的指望。可漫漫长夜，我仍止不住地害怕，又不知道在害怕什么，耳朵里仿佛一直有个声音说，要不去死吧，这辈子也就这样了，死了就好了，也不疼了，也不拖累别人了。

又过了几年，我的双膝关节骨融合，膝盖里都是积液，只能坐轮椅。从那以后，我的生活就被固定在了床上和轮椅上。

我不愿意麻烦女儿，又不想再多花钱请护工，照顾我吃喝拉撒的活就落在了丈夫身上。伺候一个人并不轻松。他需要每天给我翻身、喂饭喂药、端屎端尿，像照顾孩子一样照顾我。时间一长，我于心不忍，不想给他增加负担，就减少饮食，体重也下降了20来斤。

有一回好像是梅雨季，家里的地面上湿漉漉的，我丈夫正收拾屋子呢，一不留神就脚下打滑摔在了地上。他也到了花甲之年了，坐在那儿半天没起来，一定特别疼。我真的看不下去了，只好别过头拿起手边的中药，大口大口地喝下去。

真苦，嘴里的药和这样活着，都太苦太苦了！

几天后，我发现桌上摆着一把拆快递用的美工刀。刀刃那部分留在外面，明晃晃的，那一刻，我好像魔怔了，慢慢把轮椅挪到桌子旁边，拿起了那把美工刀，很慢但很用力地在手腕上划了一道，血马上渗了出来。

丈夫突然从身后将我一把抱住，刀被他扔出老远。丈夫气狠狠地瞪着我，说：“你这是干什么?！”

我整个人剧烈地颤抖起来：“我很难受，不想活了，真的不想活了！”连续多年积压的绝望情绪像开闸后奔涌而出的洪水，全部倾泻了出来。

“我夜里一分钟都睡不着，偷偷吃安眠药也不管用。”我短暂停顿，想平复一下情绪却止不住地流泪，浑身发抖，只好一边抽泣一边说，"白天觉得好累，却依然睡不着，反应也变得迟钝，烧个水、煮个饭都忘记撳开关。见你要出门上班，就担心你出意外，我已经这样了，你再有个三长两短，我觉得一切都完了啊！"

说完这些，家里陷入一片死寂。丈夫叹了口气，说："没事的，改天再带你去看看睡眠科吧。"我呆坐在轮椅上，泪眼模糊地凝望着阳台的落地窗，天光明亮，我却觉得屋子格外阴暗、冰冷。

时间长了，我渐渐意识到自己不仅仅是简单的失眠——我有时会非常激动，还总担心厨房正在熬制的中药会出问题，几乎每隔一分钟就要去看一次。

后来，我的膝关节做了手术，可以暂时不用坐轮椅。但每天晚上从丈夫下班进门，到吃饭，再到洗漱，我都会一直揪着他问这问那，整个人完全处于亢奋状态。

渐渐地，事情开始朝不可控的方向发展。我每天逼自己上十几次厕所，怕自己像以前坐轮椅时那样失禁，即便我并没有尿意。此外，我还总是买各种保健品给丈夫吃，甚至强迫他跟我一起喝中药"补身体"。

陪我走过将近半个世纪的人

我丈夫是个脾气极好的人，面对我各种情绪的狂轰滥炸，他倒没觉得有什么，但女儿女婿偶尔回来看看就觉得受不了。

最后，丈夫和女儿女婿带着我去了医院的精神科。一连好几家医院都没能给出准确的诊断，只把我的病情描述为由神经衰弱引发的中度抑郁和躁郁，且伴随自杀倾向。对于治疗，医生说，除了药物控制，更重要的是情绪调节和身边亲人的陪伴。

"顽固性失眠以及其他疾病衍生而出的抑郁症，想要完全恢复，很难。"

"疾病衍生而出的抑郁症"，我反复回想医生说的话。

我和丈夫都是知识分子，但我们那个年代的人，受教育程度再高，也会觉得精神类疾病就是"脑子坏了"。我有时怕自己控制不住，也怕别人厌弃，就会和身边的人说上一句："不要怪我，我是生病了。"

渐渐地，我成了当时医院里唯一一个去完骨科看关节炎，又马上去精神科看抑郁症的人。由于常年风湿和失眠，我的心脏跳动有时高到每分钟200—300下，不得不去做射频手术。住院了，又继续"害怕"：害怕针，害怕药，害怕病房的灯光，害怕整夜的安静，也害怕清晨开始查房的吵闹，我甚至害怕哪天孩子们和丈夫再也不来看我了。

有一天，丈夫抱着笔记本电脑来了病房，说："里面都是你之前说想看的电影，我都给你下载好了。"

"啊，是吗？好呀！"我高兴地坐在病床上手舞足蹈，像个两三岁的小孩子。当时我用余光瞟了一眼丈夫，他的眼圈红红的。

没过多久，他说去找大夫问情况，我趁他不注意悄悄跟了出去，发现他在走廊尽头的窗户处和女儿打电话。"抑郁这东西就像一个黑洞，你妈妈不仅被关节炎控制着，还被困在这个黑洞里。你俩别操心了，我才是那个站在黑洞边上拉着她、陪着她的人。"

挂完电话，我清楚地看见丈夫在人来人往中哭了起来。

"我每天都想死，但我丢不下你。"

"我对不起你，我成了你和孩子的负担。"

"唯一让我活着的理由，就是我放心不下你啊。"

…………

这些都是我情绪失控时对丈夫说过的话，而看见他哭的那一刻我才明白，区分同情、心疼和爱，是最无意义的事。一直以来，我的情绪都比丈夫更外露一些，我情感丰沛，高兴了就笑，难过了就哭出声。他不是，平日里他话不多，看起来笨笨的，对我最大声的一次就是我拿美工刀那次，他是真的急了。

我俩是通过"组织介绍"认识的，在部队办了简单的婚礼。此后的日子里，转业，进新单位，生女儿，抚养她长大……一路走来，我们都互相搀扶着前进。

我从1996年就得了类风湿性关节炎，那么多年给我治病，家里花光了几乎所有积蓄。丈夫为了给我看病，退休了还接受返聘继续上班。

得了抑郁症后，我就老叮嘱他：你可千万不要得抑郁症啊。他经常宽慰我"没什么，有病了咱们就去看，我给你看"。他也不再放任我一个人在客厅呆坐着，而是拉着我的手睡觉。

虽然，我觉得丈夫生活简朴到几近寒酸，也不善应酬和交际，总是上不了台面。但仔细想想，我们一起携手走过了40年，共同度过了人生的许多阶段。

他是我的枕边人啊，他都没有放弃，我也不能！

古稀之年，也要努力活出精彩

2012年，一个医生和我解释说，一种叫"肿瘤坏死因子"的细胞因子是引发风湿病尤其是类风湿关节炎的"元凶"。他建议我使用一种拮抗剂来抑制肿瘤坏死因子。

在我们当地，这种药没有纳入医保，一针810块，我心疼钱，这时丈夫站出来说："好歹试试吧，都折腾这么久了，只要有用，再贵也花。"

他这么说的时候，右手握着我的双手，左手扶着我的肘部。那种笃定和力量，连着他的体温，一起传到了我心里。

今年是我用生物制剂的第8年，关节炎已经明显好转，病情渐渐控制住，人也慢慢胖了回来，生活一点一点地在向好的方向发展，一切来之不易。

患关节炎多年，我失去了很多乐趣，也把大部分开销都用在了治病上。有一天，好像是圣诞节还是平安夜，丈夫陪我去发廊做了头发，还给我买了一件枣红色的金丝绒裙子。在商场试穿的时候，导购一个劲地夸我："哎呀，阿姨您穿这身太好看了，显得气色很好呢！"就在那面镜子前，我像是找到了另一平行时空中的自己——在那里，我身体健康、自信美丽。

我想把切切实实的、可感可触的有生之年都紧紧抓在自己手里，让每天都充满希望。

年轻时，我一直喜欢运动，退休后想充实自己的生活，丈夫就鼓励我去学了木兰拳和舞蹈，还替我张罗组建了一个业余的老年模特队。有时会上台表演，服装这块，丈夫会挑那种喇叭袖的，他说："你现在就肘关节有点弯，这样遮一遮，别人就一点都看不出来啦。"

今年夏天，我去医院的心理科复查，欣喜地告诉医生我的变化。听完我的话，医生说："阿姨，您古稀之年还有几个喜爱的运动项目可以去实践，多好啊！"

一个人的爱能拯救另一个人吗？他们作为心理医生其实最清楚。每一种难以根治的疾病的治疗，都是病人与自我的缺陷不断斗争的过程。

在我治疗关节炎的记忆中，有些病人的精气神是跟着身体一起垮掉的。他们有的迫于巨额治疗、康复费用，有的因为常年奔波就医，耗尽精力却不见病情好转，陷入精神危机。

有人把抑郁症患者比作仙人掌——跟这个世界总是有些距离感。我想，爱的力量，并不在于让人痊愈，那是药物和大脑神经中枢做的事。爱的力量是让人觉得世界轻盈，而自己有力，我可以一把托举山石，但要小心翼翼地抱住你。

2020年的中秋节，正好是我70岁生日，我们模特队有演出。我和几个老友在后台拍照，丈夫在一旁笑盈盈地和别人说："我太太年轻的时候就很美呢。"

那些动容，那些年月，那些不离不弃的细微瞬间，都在闪光灯和欢声笑语间，被泪水冲刷得无比清晰。

LONELY

　　2017年的某天深夜，梁婧看着儿子熟睡的小脸，抱着他一起跳楼的念头在脑子里一闪而过。她想着：死了是不是能轻松点？

　　从怀孕中后期开始，她便患上了严重的抑郁症。焦虑、惶恐、长期失眠、绝望乃至自我否定，让她觉得暗无天日。为了孩子，她放弃药物治疗，尝试学习织毛衣和绣花，并渴望以此照亮曾经那个灰暗的世界。

我以为产后抑郁离我很远

怀孕前，我在一家公司的市场部做策划经理，管着一个近20人的团队，天天雷厉风行。我一直觉得自己会像某些美剧里演的那样，成为一个所向披靡、无所不能的妈妈。

可当我经历了怀孕、生产和养育幼儿的痛苦，一路摸爬滚打后，才逐渐领悟到，"母亲"是一个多么疲惫又孤独的角色。她一点都不酷。

结婚后没多久，我意外怀孕。怀孕前5个月，我一天吐十几遍，经常抱着小脸盆随时准备接着。孕期宝宝一直臀位，我想顺产，就去做了胎儿外倒转术（人工干预，将宝宝从臀位转为头位），结果还是没能如愿，宫缩我疼了40多个小时才开了一指。最后没办法，打催产针，做人工破水，转成剖腹产。医生每次给我按压刀口，都让我疼到想死。

这还不算什么，生完孩子后，才是煎熬的开始。

我不太喜欢喝汤，可坐月子期间奶水不足，就逼着自己喝了一碗又一碗下奶的汤汤水水；想用最科学的方式养娃，就熬夜看各种育儿论坛和公众号，一点点学怎么给宝宝洗澡、换尿布、做抚触；出生没多久，孩子长黄疸、湿疹，就抱着他去医院，医生说会好的，但他就在我怀里一直哭；孩子肠绞痛，夜夜哭闹，我就让他趴在我身上睡，而我只能半坐着撑到天亮，比我之前加班还要难熬……

我从没觉得夜晚有那么漫长。

我也是在那段时间才有了这样的疑惑：为什么小孩子永远都在哭？喂奶要哭，换尿布要哭，困了要哭，醒了还要哭。吃了拉，拉了闹，闹了又要哄睡，如此循环反复。

每天一到黄昏，我都累得脑袋嗡嗡响，双脚发软，两眼昏花。

而且，即使有婆婆帮忙，我发现仍然一团糟。婆婆之前生活在农村，很多生活习惯和我完全不一样。比如，洗脸池不知道要定期清洗；上厕所总是蹲在马桶圈上，留下两个鞋印；洗脸、洗澡、擦手、擦脚一条毛巾搞定……婆婆还不愿意扔东西，大大小小的瓶瓶罐罐总是随便洗洗接着用，包括外卖餐盒。

屋子里始终没办法收拾干净，所有东西乱成一团。用餐后，没洗的锅碗堆成一堆。垃圾桶始终是满的，孩子的尿不湿都没地方扔，地上到处是脏兮兮的水渍。

也许是体内的孕激素骤减，我失眠的情况越来越严重，整夜无法入睡。以前那个雷厉风行的职场白领，可以在会议上痛骂失职的同事，可以为了一个项目日夜连轴转，可以早上飞上海，下午到广州，半夜还能回到自己的城市吃个夜宵。如今面对一个襁褓中的婴儿却败下阵来，显得手足无措，毫无办法。

虽然只是产假期间，短暂离开工作环境，我却觉得自己掉进了
另外一个世界，所有的生活都被手边嗷嗷待哺的宝宝占据。

失去工作这个强心剂，我慢慢发现自己什么都干不了，觉得这
样活着就像是个累赘。2017年的某一个深夜，我第一次有了跳楼的
念头，似乎只有死才能让我解脱。

就在我手忙脚乱的时候，婆婆突然出现，责备我不会照顾小
孩，不会做饭，买的尿不湿太贵，还说我太娇气。我忍无可忍，冲
进卫生间，拿出修眉刀往手腕用力一划，对着丈夫歇斯底里地喊：
"我还不如死了算了！"

崩溃一触即发。

好像只有死才能结束这一切

在丈夫眼里，不论是在职场还是在生活中，我都是能够把情绪
管理得很好的人。我的举动让他很吃惊，说："这是怎么了？你这
也太吓人了，去医院看看吧。"目睹我第一次失控后，隔天他就带
我去了医院。

不知道为什么，医生的问题一个个抛过来时，我的嘴角不停地
颤抖，眼泪也止不住地往外流。

"我觉得好像只有死才能结束这一切……"我向医生哭诉道，

"现在外面的世界变化太快了，在我围着孩子、奶粉、尿不湿团团转的时候，根本不知道整个行业会变成什么样。产假结束后，我还会有自己的职位吗？会被边缘化吗？还能不能跟上工作的进度和强度？现在大环境就是这样，全民焦虑。别人都在拼命往前跑，生怕被落下，但我突然就走了另外的一条路，而且还这么辛苦，这么看不到希望，陷进了没完没了的焦虑里。"

说这些话时，我感觉自己的情绪越来越低落。

我想，大概就是因为这些，我才变得不爱说话，不想出门见人，也不想和朋友交谈，更不想他们来看我。看什么呢？看我的狼狈样，看我的笑话吗？

有好几次，同事给我发微信，说要来看看我和宝宝，我拼命拒绝，实在不行，就硬撑着跟他们语音寒暄几句，然后不停地安慰自己："再坚持一会儿，通话结束就好了！"

最后，医生拿着几张报告单和我说，是典型的产后抑郁症，还伴随中度的焦虑症。"先吃点药吧。"医生给我开了一些抗抑郁的药。

丈夫向公司请了一周的假陪我，还把家里所有可能造成伤害的东西都收拾起来了，婆婆也回了老家。

很快，我患产后抑郁症的消息在亲戚那里传了个遍，他们纷纷来安慰我，也给我打气。

我对抑郁症并非一无所知，可不代表家人也理解，他们就是觉得我精神出了问题。有一次我大姨和我妈说："孩子你先带着呗，梁婧精神出了问题，要是伤到孩子后悔都来不及。"

我怕在家人面前丢脸，完全不敢表现出精神崩溃的样子，也不敢在他们面前大哭大闹，每天都要花巨大的精力去扮演一个"正常人"。只有去医院时，我才借口上厕所跑到门诊大楼外面，一边蹲着一边咬着胳膊哭。

这不是我期望的人生

丈夫不太接受抑郁症这种说法，他觉得我只是太累了，情绪有些起伏，通过调节就可以解决。为了孩子不受影响，他又带我去看心理医生，寄希望于冥想等自然疗法。心理医生在几次治疗后说："病情发展太快，还存在严重的自杀倾向，需要超过10次的连续心理干预才有疗效。"

奇怪的是，我能听进所有人的劝说，但唯独控制不住自己。我在脑子里无数次幻想自杀，但实际上又极度害怕。我死了孩子怎么办？他还那么小。而且，我之前的计划是母乳喂养到孩子自然离乳，就不能吃药，吃了药还怎么给孩子喂奶？

没办法，药物治疗也被搁置了。

内心的挣扎和生理上的不适让我的情绪变得异常暴躁，产后抑郁症恶化的迹象一点一点在我身上出现。

我头疼的频率越来越高，无法很好地辨别方向。饮食上，我要么就暴饮暴食，要么就滴水不进。我无法正常地融入人群，连下楼遛弯都做不到。

因为锋利的东西都被丈夫藏了起来，所以我不能轻易自残。我很想通过撞墙了断自己，但又做不到，只能独自在卫生间，一拳拳打在墙上，一双手肿得像馒头。

有一回，我在做心理咨询时突然拽住医生说："我已经坚持5天没哭了，你夸夸我好不好？"然后再次泪崩。

还有一次，我抱着一大瓶晕车药分几口吞完。丈夫及时发现，打了120，把我送进医院洗胃。在医院里，我不停地输液、排尿、呕吐。那一次，我爸妈都赶了过来。大夫告诉我丈夫，你太太吞服药物不会导致死亡，但严重的话会变成尿毒症。

我爸脸色阴沉，一言不发。我妈悲伤地抱着我儿子，儿子大概是饿了，也可能就是想让我抱抱，哭得撕心裂肺。我蜷缩在病床上，情绪低落到了极点，不知道该怎么办。

那时，我真切地体会到什么叫作万念俱灰。

我曾经对我的人生满怀无限期待，我期待拥有美满的家庭、可爱的孩子和爱我的丈夫，可是如果继续这样下去，我根本支撑不了多久，这一切也会无情地离我而去。

这件事情之后，我对孩子有了愧疚感，总担心哪天我没撑住离开了，孩子就太可怜了。在对抗抑郁情绪的过程中，我又继续坚持哺乳了一个多月。

实际上，在我原本的规划中，孩子完全不在其中。一切太突然了，我根本没有精力，也没想过要迎接一个新生命。我只想在职场驰骋。可他还是来了，那我也要努力去爱他。

而就是因为这一个多月的坚持，奇迹发生了。

那一天，我抱着孩子，丈夫拿着手机为我和儿子拍小视频。忽然，6个月零10天的宝宝冲着镜头，奶声奶气又非常清晰地喊了两个字：妈妈。

我惊呆了，赶紧问丈夫："你拍下来了吗？"丈夫笑着点了点头。那是我听到的最治愈的声音。

就是那一瞬间，我觉得我一点也不抑郁和焦虑了，甚至感到充满了喜悦和希望。

我在心里默默对自己说：你是梁婧，你也是一个妈妈，你要活下去啊！

在家做刺绣，我一点都不想死

某一天，我看新闻，上海一位90后妈妈因为产后抑郁症，和同伴们4个月里编织了500个大小不一的玩偶，装饰了浦东锦绣坊的500米围栏。

这个活动不仅给公共空间带去了一丝温暖，也让很多人开始关注这群饱受抑郁症折磨的年轻妈妈。

这位90后妈妈说："产后抑郁症不仅伤害妈妈，还会伤及孩子的情感和认知能力。无论是生理还是心理层面，都在不停地消磨着人的意志。"

对此，我有强烈的共鸣。因为我就是无法确认自己的价值，感觉大学好像白上了，工作带来的成就感也没了，再也不是那个"我"了。焦虑、易怒、失眠、头痛、记忆力衰退，这些所谓的躯体症状带来的，都是真真切切的伤害。

起初，我也觉得这只是生育后激素水平不稳定的反应，但症状没有自然消退，反而越发剧烈。最后，自杀的念头变得愈发强烈。

我买了几个线团和绣针，尝试像那些编织玩偶的妈妈们一样，通过织毛衣来度过漫漫长夜。自我疗愈之路就这么开始了。我强迫自己集中注意力，哪怕就在这一件事上。

在一个朋友的介绍下，我又去报了一个学刺绣的培训班。那个画面我至今记忆尤深。授课老师将一根丝线神奇地分成200多份，接着挑出两根，穿进不到一寸的绣花针里，然后双手一上一下快速翻飞。原本空白一片的绷子布上，渐渐出现了一条金鱼的尾巴，栩栩如生。我看得如痴如醉。

刺绣和织毛衣不一样，得从最基础的画图学起。老师跟我说："零基础可以先学平绣，从一片叶子开始做。"她先帮绣个三四针，剩下的我自己完成。分线，穿针，针要细，走线要稳，一道道丝线在绷子上似有似无，只有从侧面细看才能看到丝线，非常考验人的耐心和定力。

稍微学有所成后，我就回来给儿子绣手帕，绣小围兜，儿子乐呵呵的，我看着也欣慰。我把一些成品图拍照发到朋友圈，有朋友觉得不可思议，说我好歹之前也是个职业女性，现在竟然安于在家带孩子做刺绣。

这话搁以前，会立马刺痛我，异样的眼光和不理解都会让我情绪失控，现在不会了。我在积极努力地活着，成为一个温暖坚韧的人。

最重要的是，现在，我一点都不想死。

治愈我最好的药物是爱

微博上有一句话：人能理解骨折的人没法走路，却不能理解抑郁的人无力生活。

我也开始反思一个问题：为什么像我这样的人会患上抑郁症？

想到以前上学的时候，如果因为生病或者家里有事需要请假，我就特别焦虑，课程落下了怎么办？考试不会怎么办？成绩下降怎么办？怀孕休产假时，我就是这种心情，害怕被人迅速甩在身后。

包括我的婚姻。我丈夫是个普通的职员，一直赚得没我多。我家里总说，这不是他们理想中的女婿和婚姻，我感到很抱歉，很丢脸，所以逼迫自己拼命赚钱。我打心底里想要那种"即使对方是个流浪汉，我也能爱得起"的底气和经济实力，然后在逼自己的路上越走越远。

可是，这一切的意义是什么呢？

回望我工作的那些年，认识了许多人，每个人都热衷于介绍自己的职位、学校以及过往成就。其实仔细想想，这哪儿是什么职场社交，其实就是虚荣，也是逐利。我们中有太多人，都活在一个与人攀比的环境里。

我现在不会这样了。我的专注点就在刺绣和照顾孩子上，还和一些一起学刺绣的妈妈上过几次体验课。我发现，身边真的有很多"状态不好"的妈妈。有个26岁的年轻妈妈，第一次来上体验课，撸起袖子时露出了手腕上一排混乱的伤疤，像斑马纹一样触目惊心。

找回人生的力量可以由己及人，我们这些妈妈也组建了自己的微信群。一年多的时间里，群里的人越来越多，慢慢变成了一个大家庭，一起聊生活，聊孩子，抱团取暖。我和她们说，不是只有在写字楼里上班，拼命做项目才是上进，才是紧跟时代，互联网上有各种各样的技能学习途径，只要渴望并愿意学习，哪怕只是织毛衣和刺绣，也能够出类拔萃。

她们的丈夫得空了也会来帮忙。我知道，比起有副作用的药物，他们也想看看织毛衣和刺绣是不是可以更好地稳定情绪。当然，丈夫理应知道产后抑郁这个病，需要付出更多的关心和支持。

悉心照顾孩子，帮助一些曾经和我一样身处谷底的妈妈，这些都在让我逐渐找回价值感。现在儿子已经慢慢长大，生活还在继续，喜怒哀乐也都真实地存在着，但我很久没有想被车撞、被水淹，也很久没有爬上楼顶的念头了。

我相信，治疗抑郁症最有效的方法是使用药物，而治愈抑郁症最好的药物是爱！

有钱有闲的富二代，
你抑郁什么？
LONELY

人们对富二代的看法通常是充满偏见的。那些一出生就拥有巨额财富的人，被视为是不劳而获的典型。他们被贴上了好吃懒做、挥霍无度、骄奢淫逸等各种标签，没人愿意真正去了解这个群体。

出生在深圳的阿苈是一个富二代。15岁那年，他脑子里长了一种恶性肿瘤。父母带他辗转于国内外顶级的神经医院，至今仍在接受治疗。无法融入人群让阿苈陷入了严重的心理危机，痛苦不堪，所幸家人的支持让他走出阴霾，过上了追寻梦想的生活。

上天给你一笔财富，顺带还会给你一种病

很多人对我的生活都感到好奇，其实真的没什么。我爸妈名下有十几套豪宅，每年净收入几千万，我们自己住香蜜湖的别墅。

先说说我得病之前的状态吧。我爸对我就是"买买买"，不管我说什么都直接给我钱，让管家或者司机带我去买。我喜欢篮球，鞋子自然不用说了，刚上初中就买了200来双，有的小了不能穿了，让阿姨丢了不知道多少。我妈心善，说这么好的鞋子扔了可惜，也捐了不少。

15岁时，有一次，我打游戏发现手指有点不听使唤，抖得厉害。我妈就带我上医院检查，医生说是一种预后差又极易复发的恶性肿瘤，可能终身都需要配合药物治疗。听完我就蒙了。

我妈听医生说完后，不停地哭。我爸神色凝重，说："有钱就没有治不好的病。"他们准备了几百万现金，带着我从国内顶尖医院到大洋彼岸的医疗机构看了个遍，我面前的医生也从黄种人到白种人不停切换。

有意思的是，每次我看着医生用手快速翻看我的病历时，纸张

哗哗作响,我脑子里就闪过一个画面——我妈去银行取钱时,钞票在数钞机里一张张滑过,也发出这种哗哗的声音。有钱就有更多选择,这病要搁别人身上,就只能等死了。

在所有人都以为我下半辈子只能靠轮椅和24小时护工活下去的时候,做手术、放疗、化疗这些方法貌似有点效果,我又能走了。

这种欣喜持续了不到一年,我发现自己的手又开始使不上劲,投个篮,软趴趴的,症状比之前还要严重。果不其然,复查结果显示,我脑内的肿瘤原位复发了。复发最直接的结果就是我走路跟瘸子一样,有时像长短腿,有时像方向盘失灵的车,总朝一边拐。

我当时读的是国际学校,我妈说,那是别人挤破头也挤不进去的学校,每个学生家里都非富即贵。学习压力和环境压力压着我,我和同学自然也没有什么友情可言。

为了不让别人看见我的走姿,每天我都起早贪黑,第一个来学校,最后一个离开。学校后门离我在的班级也就一百米,而这一百米,我每走一步都是煎熬,每走一步都怕被人看见,被人嘲笑。

有一回还是被同学看到了。"哟,阿荽,你怎么顺拐了啊?昨晚蹦迪蹦多啦?"我受不了这种讥讽,正好要升高中,我跟我妈软磨硬泡,她又托关系把我转到了一个公立学校。

富二代怎么就另类了？

没想到，换了普通的高中，更让我难受。

一开始还好好的，突然有一天宿管员说我头发这么长，下周不剪不让进。我的发型虽然不是板寸，但也绝对不长，来办入学手续时有个主任说没问题。我好声好气地和宿管员沟通，没想到他瞬间翻脸，吼着让我滚，让我去找那主任，他这儿不欢迎我。

我没和他多废话，就直接去找了主任，也就是他的上级。第二天我没剪头发去上学，在学校见到宿管员，他没说头发的事，还和我套近乎，把我恶心坏了。

最让我受不了的是，宿舍是军事化管理，洗漱杯和睡觉朝哪个方向都有规定，被子必须叠成"豆腐块"。此外，厕所不到1平方米，每天洗澡只有5分钟。我宿舍的墙上还发了霉，床也是硬板床，每天起来都腰酸背痛。有好几天我差点要崩溃，我是来上学又不是来当兵的。

自从和宿管员的那次冲突之后，我在学校就变成了另类。所有人都知道我是个有钱人家的公子哥，觉得我装，觉得我就是看不起他们。好像每个人都在孤立我，说真的，那时候我感觉全世界就剩我一个人了。

慢慢地，我越来越害怕和他们接触，不敢出去见人，不敢和别人说话，不敢直视别人的眼睛。最后，我索性每天自顾自地看书，

144

把书翻得哗哗响，把教室和宿舍的气氛搅得躁动不安，任凭班主任怎么找我谈话，我就是爱搭不理。

可其实我一直在自我怀疑，我是不是真的像他们想的那么不堪？每次一想到这些，我就心跳加速、头晕恍惚。感觉心脏要从胸腔里跳出来了，但那不是一种自然的兴奋，而是被逼迫出来的慌张。

这种情绪让我越来越孤僻，还很自闭和社恐。

我妈可能怕我孤独，或者想让我尽量融入同学，特意挨家挨户打电话请我的同学来家里做客。结果同学们到了，我把自己关在屋里就是不肯出来，几个同学在我房门口小声地喊我，我当没听见，一声不吭。

最后，我尴尬的妈妈只能一边跟同学们道歉，让阿姨招待他们，一边转过身轻轻对我说："你还要妈妈怎么样呢？"而躲在房间里的我，难过得又开始写遗书。

对死亡和解脱的向往

我用了一种新办法缓解我糟糕的情绪：写遗书。里面充斥着我对自己的绝望，还有对解脱和死亡的向往。

这是我这些年来的发泄方式，因为在最亲近的人面前，坦率好像很难。

我有过自己的理想，我梦想成为一个漫画作者。可从小，我就被当成一块长大要接父亲班的料培养。我也一直认为我的使命就是继续做我父亲的事业，让他们骄傲。我一直在过家人期望中的人生。

自从得病后，我也不指望能活多久。我经常做一些稀奇古怪的梦，比如：开着梦寐以求的跑车在高速公路上飞驰，体验与死神擦肩而过的感觉；也经常幻想这病是场梦，等我死了就会从梦境中醒来；还梦到过同学们知道了我是富二代，他们反而哈哈大笑，说怎么那么多钱也没把你的病治好……

我在遗书里写各种脆弱、抱怨和积压的情绪，有时候胡思乱想，以至于脑袋疼得厉害。我怀疑自己是不是抑郁了，跑到一个私立医院向心理医生咨询。检查时，医生在我头上贴了几根电线，机器一开，"吱吱"地响，把我吓一跳，以为要爆炸。

医生给我做了一些简单的测试和检查，说我有中度的抑郁症还伴有一定的边缘性人格障碍。我听到后突然大笑出声，看起来开心极了，好像听到一个极大的玩笑，或者对我来说，生活本身就是一个玩笑。

医生接着问我："你是不是从来没有认真思考过，自己想要一种怎样的人生？"我一边笑，一边低下头。

仔细想想也是。我没朋友，有也是那种想从你身上获得好处的人，以至于难过了想找个人说话都没有。很多人说，家里有钱应该脸上都是自信和高傲啊，可是我没有。因为生病，手脚不利索，我总是很自卑。

慢慢地，我的注意力从社恐自卑转移到了自己的抑郁症上，持续性的、恶劣的抑郁情绪困扰着我。严重的时候，我彻夜失眠，头疼得直撞墙，想就这么撞死算了。还有焦虑和恐惧，我不知道怎么和同学、舍友、老师相处，我甚至不知道怎么和自己的父母沟通。大家都认为，我过着他们想要的日子，不需要被关心。

"我是他们眼里，一切都被安排得妥妥当当的少年，可我只觉得命运残酷，还残酷得特别认真。"我在遗书的最后写下这句话，然后吞下了一整瓶扑尔敏。

不知过了多久，我迷糊中听到了我妈歇斯底里的哀号。醒过来，看到地上满是细碎的纸片，妈妈坐在地上大哭，爸爸则双手颤抖地一边撕扯着我那一沓遗书，一边语不成调地咆哮着："我让你写！让你写！从小到大要什么有什么，还不知足！"

我那是第一次见我爸那样老泪纵横。

以前我觉得家里有钱，爸妈好像无所不能。后来我得了这种怪病，看见过妈妈抹眼泪，也看见过爸爸站在医院门外一支烟接着一支烟抽。他不停地叹气，我看不到他的表情，但我能感受到他很痛苦。

我才发现，原来钱不能治愈脆弱。

治疗自己要找到心理寄托

然而这次"崩盘"，反倒成了一个契机。

我爸有一次问我："你真的想画漫画吗？"

我说："嗯。"

"那我给你去找最好的老师，你要是想连载什么的，我再给你找平台。"

我低头想了想，说："爸，我想要自己摸索，想要去碰壁，甚至想被退稿改稿。我想要的是成为漫画作者的过程，而不是结果。"

那大概是我长那么大，第一次这么直接并且坚定地表达自己。我意识到，如果要从别人的眼光和期待中跳脱出来，就必须要找到自己的心理寄托。

我爸支持我，让我先试着接些杂志插画之类的工作。不过我拒绝了让他牵线，一开始投稿基本都是石沉大海，后来终于接到一两百的便宜约稿。之后，我画条漫，画霸道总裁，没错，就是很多人看不起的霸道总裁，我以前也看不起，但市场需要，我就画。我爸妈也替我担心过，觉得辛辛苦苦就为了几百块，不值得，但我心里很踏实。

画了一年多，后来有一次合作的工作室没剧本了，说好要开的一个新漫画，原作者不肯卖版权了。我和我的编辑相处得很好，他有事都会跟我吐槽。我一听，心里蠢蠢欲动，就毛遂自荐，问他要不要试试让我写原创剧本。他说行啊，试一下又无妨。

当时距项目开始只剩下4天了，然而我连写什么故事都没想法。可我隐约觉得，这是一次属于我的机会。

那4天我真的是废寝忘食，从自己以前玩游戏接触到的内容里找灵感，写人设，写大纲，和编辑推敲剧情，还思考网络漫画受众的口味和欣赏水平。

4天后，我交了稿，躺下就昏睡过去，梦里都是编辑在审我的稿子，还梦到主编说我写得不行，写的是垃圾，我愤怒地拿我的剧本摔在桌子上，大骂他没水平。

就这么浑浑噩噩，特别焦虑地等了一周后，编辑终于回复了，说要买断这个剧本，工作室出高价，全版权购买。所谓"全版权购买"，就是以后这个剧本要是拍影视剧，我就挣不着版权费用了。

可我不在乎钱啊，我感觉终于摸到了梦想的边缘，原来我不是他们口中好吃懒做、挥金如土的富二代，我是可以靠自己喜爱的东西挣钱的。

那种感觉，怎么形容呢，像是第一次学会用自己的脚走路。

人生再难，也要笑给你看

这件事让我的心态有了点转变，回学校后，我对同学也不那么戒备了。

我发现，也有人主动和我讲话，也有人在下雨天愿意把伞借给我，也有人主动邀请我去食堂吃饭，这些点点滴滴的小善意都让我感到很温暖。其实，我是自己困在泥潭里，把别人想得太坏了。

此前我情绪最糟糕的时候，暴躁易怒，发起火来根本控制不住自己，脑子里一片空白，感觉身体在被一种无形的力量操控。我想我以后会不会就像行尸走肉一样，了无生趣地耗下去，直到生命终结。

富二代的父辈普遍光环较大、能力很强，孩子在成长过程中承受很大压力，总是不想让父亲失望，总是以父亲为榜样，当自己能力得不到父亲认可或达不到自己的期望时，就会自卑。所以我从来不敢和父母说我对做生意没兴趣，我喜欢打篮球，我喜欢画漫画，我喜欢沉浸在自己那个小小的安全的世界里。

很多人知道我家境优渥之后都很羡慕，认为我特别幸运，连我后来出漫画了也有人说有个有钱的爸爸真好，让我好一阵难过。他们无视我的努力，把我的一切都归功于我的家庭。其实我一点也不比同龄人更轻松，我完全不敢懈怠，生怕将来没有能力继承父亲的事业。我有时候特别羡慕普通家庭的孩子，可以犯错，可以虚度日子，我的少年时期都是在焦虑和压力中度过的。

现在回想我被各种糟糕情绪折磨的那段日子，那些折磨与痛苦只是疾病给我发出的信号。我当时吃不下饭，一个多月瘦18斤，每吃一口都感觉堵在嗓子眼下不去，后来为了维持体力画漫画，我拼命往下咽。

我爸妈现在很支持我继续画漫画，那种被鼓励的感觉太好了，我也能接受孤独，不用再拿脑袋撞墙了。

或许这些经历就是上天赐予我的财富，让我懂得去理解别人，也知道怎么去表达自己。

　　每个人都有自己的苦恼，会有各种烦心事，不论贫穷富贵，都要面对生老病死，这就是真实的人生啊！

　　"再难又怎样？我还要笑给你看。"这是我现在的座右铭了。

月入百万后,
我终于把爸爸"买"回来了

LONELY

2016年被媒体称作直播元年,各路网络红人横空出世,也带来了关于审美、猎奇、炫富等的各种毁誉参半的风潮。无数渴望一夜暴富的人前赴后继,也不乏大量年轻的女孩变身女主播。有人开始质疑,这些年轻的女孩凭什么获得巨量的关注和不菲的收入?她们是否都通过整容来改写命运?她们和打赏者之间是否关系暧昧?

但,没有人真正关心这些女孩的内心世界。

我把爸爸"买"回来了

每次直播前，小颜都认真化妆。她从2012年就开始在某平台直播，第二年爆发式走红，巅峰时月收入高达百万。

从粉底、眼影、假睫毛、口红，再到发型，都一丝不苟。她坐在堆满各式衣服、化妆品的粉红色调的卧室里，用她的话说，"那是吃饭的门脸"。偶尔会有人嘲笑她，一把年纪了还喜欢公主风。每次小颜都会冷脸撑回去："谁不想当公主？"

在"荷尔蒙经济"的影响下，女主播成了一种"被消费"的存在，卖弄姿色、穿着暴露、透支青春、和有钱大哥有不正当关系……各种带有诋毁和暗讽意味的"标签"被牢牢地贴在她们身上。

小颜也如此。

2020年，小颜也不过27岁，访谈间却感觉这个女孩心里一片沧桑。她所有的努力，都是因为对自己身份的焦虑和对物质的渴望。

在她心里，似乎只有金钱是真的，其他东西都是假的。

童年时，母亲嫌弃父亲穷，丢下父女俩就走了，她和妹妹从小在四川农村跟着爷爷奶奶长大。

因为家里经济条件不好，父亲又在全国各地跑来跑去做生意，小颜早早就退了学，后来读了个护理专业，在一家小诊所里做护士。每天的工作，就是给那些没钱去大医院看病的人打针输液。小颜心想：自己的家人会不会有一天也这样？

有一次爷爷因心脏病动手术，家里拿不出钱，奶奶天天哭，妹妹也没人管。小颜想着，如果一家人一条心，也许这个坎就能熬过去。她千方百计找到了母亲，求她和爸爸复婚，母亲没同意。

"因为我爸没钱啊。"

小颜觉得，做护士还是赚得太少了。因为长相秀丽，身边有朋友推荐她去做直播，声称只要打扮得漂漂亮亮，唱几首歌，跟有钱人套套近乎，就能轻松月入过万。

"主播"这个职业让小颜心生疑惑，她自己跑去直播平台看，当时的直播内容万象丛生，又是喊麦，又是唱网络歌曲，还有女主播在跳舞。

虽然有些抵触，但想快速赚钱成了这个19岁女孩最大的心魔，她决定试一试。唱歌、跳舞、说段子，她拿出了所有才艺，没想到如鱼得水，很快跻身头部主播之列，收入也迅速增加。

有一天，长期在外的父亲突然回来了，一问才知道是生意赔了，而且是血本无归，打算卖房还债。一边是走投无路的父亲，一边还有年幼的妹妹，小颜不愿看着这个家支离破碎，"我记得我当时卡里有67500块，然后我又凑了3000块，把70000块拿给我爸，保住了房子。"

家里的亲戚这才知道，原来直播这么赚钱，明里暗里把小颜当成了摇钱树，今天这个来借钱看病，明天那个来借钱要装修房子，一家人都由她来养。后来父亲再婚，他甚至和新婚妻子说："我女儿可能赚钱了，你跟了我不会吃亏的。"

小颜听完后无奈地一笑，她悲凉地发现，眼前的一切都是她通过直播唱歌、聊天、赔笑换来的。"也挺好的，我把我爸'买'回来了，他再也不用那么奔波了。"

虚拟世界里，人性的所有问题都被放大了

网络直播间是另一个平行世界。在这里，只要你不断打赏，你就能赢得主播的青睐，获得众星捧月般的感觉，还可以拥有更多直播间的权利和荣誉。

小颜自然是深谙其中的游戏法则。头部主播、容貌、身材、巨额打赏等，也成了小颜永远绕不开的话题。

小颜很瘦，不到一米六的个子，才80斤，但因为比例不是很好，显得有些头大身子小。每每跳舞的时候，直播间就有恶意挑刺

的，说她脸太大、下颌太宽、侧面看没鼻梁……小颜的外貌问题被这些人无限放大了。

为了让这些人住嘴，小颜想到了整容。首先就是要做一个立体的小翘鼻，然后做个面部吸脂提升下颌弧度，同时还要把咬肌缩小，这样从视觉上脸就小了一大圈，侧脸看起来也很完美。

做完手术后，每天早上，她睁开眼后的第一个动作就是照镜子，看恢复情况，如果没有改善，她就会有一种"暗无天日"的绝望感。

为了防止吸脂后的脸颊变形，医院给她脑袋上套了一个束头带。哭得厉害的时候，眼泪会打湿束头带，小颜只能将头靠在床沿啜泣。低头哭更不行，那样会使脂肪位移。

恢复前期，由于面部肿胀，小颜不见人也不直播，天天就在家待着。一个月后，她再次回到直播间，调试好摄像头的美颜滤镜，像韩剧女主般出现在屏幕中央。

可令她没想到的是，打赏的人们一看她好长时间没播，转身就去捧了其他女主播。直播间的人数迅速下跌，小颜在平台榜单上的名次也一落千丈，收入也随之大大减少了。然而，一大家子的生计依旧要依靠她来支撑。

"现在这套房就是我给我爸再婚买的，下午刚给我爸转了40万，这两天我爷爷又要买房。我的负担也很大。"她说。

为了拿到更多打赏，她多次公开喊粉丝为"老公"，只要粉丝给自己刷礼物，她甚至拿自己做了填充的胸部开玩笑。

这其中的各种滋味，只有小颜自己能懂。

"我得一遍遍地告诉自己，你会好起来的，只是时间问题，你要相信自己。"小颜说，她越来越焦虑，严重时甚至胸闷喘不上气。以前因为长时间直播，她的睡眠出现问题，就在网上买了点褪黑素软糖吃。现在到了晚上，她必须服用成倍剂量的褪黑素，却还是辗转反侧，无法入睡。即便入睡了，她仍然睡不安稳，总是做梦，反复梦到母亲的抛弃、他人的嘲笑和儿时的孤独。

整容和欲望将我完全击垮

和那些高人气的男主播不一样，女主播人气相对低，而且火爆周期短，通常风光几个月就销声匿迹了。短暂的缺席，让小颜体会到游戏规则的残酷，所有浮华荒诞都散去了。她试图用一种极端的方式挽回她曾经的光环：继续整容。

事实上，小颜的容貌已经完全符合直播生态中的主流审美——中分的黑长直、大直径美瞳、一字眉、大眼睛、高鼻梁、尖下巴和嘟嘟唇，但她仍不满足："活在网络里，好看才是第一位的，然后才是智慧和个人荣誉。"

肉毒杆菌可以使肌肉萎缩，让整容者的腿更细、脸更小。玻尿酸会让胶原蛋白流失的脸恢复圆润和弹性，但也有弊端，做的次数多了，整张脸会像吹起来的气球，还有些人会出现面部僵硬。小颜的脸也没能避免整容带来的后遗症。

为了弥补之前的缺席，她没日没夜地播，并且努力改善直播技巧，比如摄像头的角度多少合适、光要怎么打、画面是否足够清晰、不能随便乱动等，目的就是让进入直播间的人停留更长的时间。还不能哭丧着脸，不能耍酷，要多微笑，要及时和进直播间的观众寒暄套近乎。

与大主播连麦是难得的机遇。连多长时间，被骂还是被捧，全看大主播心情。有时候，好不容易连上麦了，直播间的人却纷纷骂她整容怪物。小颜常常因为无法承受这样的羞辱而毫无征兆地崩溃，然后关闭直播，一个人窝在床上放声大哭。

压力太大，小颜靠疯狂吃东西来缓解。

她享受咀嚼食物的过程以及美食所带来的愉悦感，但她不允许这些食物在胃里过夜，那样会胖，瘦脸针就白打了。她总是吃到咽不下，然后就喝下几大口水，立即催吐。

一方面是巨大的精神压力无法宣泄，另一方面小颜的身体也开始出现问题。

她常常觉得喉咙被堵住了，最初以为是直播太久得了咽炎，就吃了咽炎片，但是不管用。此外是肠胃方面的问题，她老是吃完了就吐，但也吐不出什么来，大多数时候就是干呕。再往后发展，小颜感觉吃什么都味如嚼蜡，没有任何食欲，吃东西只是为了不饿死。

小颜没法和任何人诉说这些不适。"他们都觉得我都赚那么多钱了，哪儿还有什么不开心的。"偶尔，她在直播间自言自语，感慨现在主播竞争压力太大，自己都快抑郁了。马上就有人发弹幕说："你人美又有钱，你再抑郁，我们这些人就该去死了。"

"大家戾气都好重啊。"时间长了，小颜越来越反感直播，恨不得从早到晚瘫在床上，不想拉开窗帘，不想接电话。难得和妹妹出去逛街，前一秒还好好的，下一秒直接在人群里蹲下来哭个不停。

小颜悲伤地发现，除了妹妹，自己身边几乎没有朋友。为了直播不扰民，她一个人住在郊区的小别墅里；为了照顾家人的生活，她把自己最宝贵的青春都献给了直播。可她还是孤独，无论是网络还是现实中，都没有人真正在意自己，生活的一切仿佛都失去了意义。

她形容那种感觉，整个人像提线木偶，然后一块接着一块散架，最后彻彻底底地崩溃。

妹妹用她的手托住了我

是妹妹陪小颜去的医院，最终她被诊断为重度焦虑症和中度抑郁症。

在医院走廊里，小颜抱着妹妹大哭，"对不起啊，姐姐没扛住，你们别怪我……"在小颜眼里，似乎都是因为自己能力不够，太脆弱，才没能替妈妈照顾好妹妹和父亲。

因为情绪太不稳定，医生要求小颜每个月都要来复查，她不得不面对医院压抑的气氛。

即便如此，小颜还是要照常直播，不能中断。但小颜发现，每次直播，妹妹都安安静静地坐在自己身后，偶尔也看自己唱歌，说段子，和直播间的观众嬉笑。

她好奇，问妹妹为什么总是盯着她直播，是不是担心她做一些出格的事。

妹妹眨了眨眼睛，对小颜说："姐姐，我和你一起做直播吧，我长大了，我陪着你，就没人敢欺负你了。"

小颜鼻子一酸，她想起小时候在农村，其他小孩欺负她、嘲笑她，妹妹挺身而出，喊出"你们不许欺负我姐姐！"这句话的样子。

"就好像你一直在往下坠，但突然间被一双手或者一股温暖的力量接住了，特别踏实。"小颜说，"要不是妹妹，我早放弃了。"

之后，小颜开始认真地治疗抑郁，一切变得漫长而艰辛。除了乖乖吃药，她还特意找了一个心理医生，每次去都反复诉说心里的苦闷。"说一次我就哭一次，我想，说完了，哭透了，这些东西就能过去。"

妹妹送给小颜一本精美的日记本，神秘兮兮地说："网上有资料说，连续6周把烦恼写下来，会让人的心态变得积极，抗压能力增强，免疫力也会提高哦，姐姐你也试试吧。"

接下来，小颜每天8点起床，绕着小区的绿化带跑一个小时，然后回家洗漱，练一会儿瑜伽，再打开日记本写上几句，告诉自己，全新的一天开始了。白天她就看书，看新闻，为直播准备素材，晚上就和妹妹一起坐在电脑前直播。妹妹古灵精怪，伶牙俐齿，完全不怕得罪人，小颜则在一边温和地笑。

在敞开心扉后，小颜和妹妹都露出了最柔软的一面，有碰撞，也有泪水。渐渐地，小颜直播间的人气又高了起来。

有时，妹妹也拽着小颜去玩蹦蹦床、滑滑梯，或者带她去做手工、学画画。和妹妹形影不离的日子，小颜时常觉得好像又回到了无忧无虑的童年。

回想自己的抑郁经历，小颜认为，应对抑郁症最基本的除了吃药，就是慢慢探索出适合自己的疗愈方式，然后坚持下去。"是很难，也很痛苦，这期间会有坚持不下去的时候，那就停下来歇会儿，缓一缓再继续。这不丢人。"

采访时我问小颜："做直播那么多年，得与失也很多，后悔过吗？"

她说："我是一个对自己要求很高的人，我从来没想过，做主播可以让自己成长得这么快。"

成长会带来阵痛，也带来蜕变。

在光鲜的外表下，小颜和这个世界上千千万万的女孩一样，有着自己的平凡、孤独与坚强。因为她肩膀上所承担的，不仅是直播间里的欢声笑语，还有一家人的生计和自己的未来。

离婚后，
我的人生才开始有尊严

LONELY

结婚第5年，已经有两个女儿，戴倩倩却发现丈夫在外面还有另一个家。两人的感情和信任随即彻底破裂。戴倩倩陷入了抑郁，时常用语言刺激丈夫，故意说让他难堪的话，还不止一次想用自杀来报复他。

采访时，她回忆了5年婚姻生活的点点滴滴和当地的一些风俗。这背后，是一个女性面对婚姻的破裂所展现的最真实的苦痛和无奈。

"你老公去找小姐了"

不记得是哪一天，微信里有个好友发了一条消息给我：你老公去找小姐了。

这不是我第一次收到这样的提醒，以前也有小姐妹说："要看好你老公啊，我家那位前些天去做足疗，看见你老公从××按摩店里出来。"

我觉得屈辱极了，说："管好你自己家的吧。"

我和老公都是本地人。他家境还算殷实，是家里的独子，在杭州念的大学，听说大学时谈过一个女朋友，后来被婆婆搅黄了。

在我们这里，本地人很少找外地人结婚，特别是男的，找外地媳妇会被亲戚朋友认为没出息。不过，嫁女儿很费钱，比如男方出50万彩礼，女方就得回100万，还要额外购置一辆车给男方……

这个婚俗是因为我们这里过去比较重男轻女（当然现在也是），分家的时候房子和家里的生意都会分给儿子，女儿能分到的很少。而不知从何时开始，长辈们觉得时代变了，男女都一样，想要给女儿多分点，但是女儿嫁出去就不是本家人了，分家时就没有什么说话的分量，所以干脆在女儿出嫁的时候多给一些嫁妆。一方面可以看作提前分家；另一方面嫁妆要压得住婆家，嫁过去才不会被婆家看不起。

我家里条件其实很一般，上头有两个姐姐，下面还有个没结婚的弟弟。爸妈为嫁妆很是发愁。婆婆也许是为了快点让儿子结婚，对我爸妈说："嫁妆无所谓，但是要给我们家生个男孩。"这对我爸妈来说，简直就是天上掉下来的好事，自然就同意了。

我老公也不敢违背他妈的意愿，没过多久就和我领证了。但他工作不在本地，在杭州，婚后大部分时间都在那边，每周回来一次。

我当时觉得婆家挺宽容，没要那么多嫁妆，然而终究是我想得天真了。

我们这里是这样，女人是不上祠堂不进族谱的。有的两口子结婚但不领证，等女方生了男孩之后，满月酒和婚礼再一起操办，还有女方因为迟迟生不出男孩而被送回娘家。

我和老公结婚5年，生了两个女儿。婆婆自然是不高兴的，有一次和我说："你怎么还生不出个男孩？我都被人戳脊梁骨了，不行就让小梁（老公大学时的女朋友）给生吧？"我当时震惊了一下，马上追问婆婆："你说谁？"婆婆可能也意识到说漏了嘴，马上不吱声了。

这件事在我心里一直是个疙瘩。可我老公每次回来就是抱着手机，紧盯屏幕，不发一言，一副置身事外的样子。我急了，质问他："你妈说那话是什么意思啊？"他轻描淡写地来一句："当初不是你家答应的吗？你就听妈的吧。"

毛衣后面的情敌

自从被人提醒我老公会在外面找小姐后，我变得疑心重重，心中的苦闷无处发泄。

我没想到这么荒唐的事情会发生在我头上。

我和老公是相亲认识的。他内向、寡言，见面那天穿着棒球服和工装裤，酷酷的，看起来很温柔。那时我刚大学毕业，在机关单位上班。婆婆一眼相中了我，说："看着就像好好过日子的人。"

交往两个月，我们就领证结婚了。

但我们的相处模式很奇怪。他的工作在杭州，在那边租房子，周五晚上回来，周日下午再回去。在家里，我们又各自守着两个房间：我在客厅看电视，他就在卧室玩手游或者刷短视频。

我生二胎时，从规律宫缩到生产整整29个小时。所幸胎儿无恙，助产护士把孩子称重后包裹好，抱给产房门口的婆婆和我妈。

166

因为又是女儿，婆婆没说一句话，转身就走了，而我老公压根就没来医院。

有一次，大女儿从幼儿园回来说肚子饿，婆婆就让家里的阿姨把前一天晚上的剩菜剩饭回锅煮一煮给孩子吃。阿姨于心不忍，说："不好吧，孩子万一吃坏肚子……"

"吃坏了又怎样？一个女孩还这么金贵？"婆婆语气蛮横。我那会儿刚下班回来，听到了这一句，心都凉透了。

还有一次，我在老公的行李箱里发现了一件毛衣，干干净净地叠放着，散发出温柔的气息，很陌生，我从未见过。我心想：这是我老公的衣服吗？

我想到了老公大学时期的女朋友，想到了小姐妹的提醒，想到了婆婆阴阳怪气的话，隐约觉得事情并不简单。

我把那件毛衣捏在手里，告诉自己一滴泪都不要流。

和死亡擦肩，只为报复

我和小姐妹们聊起这些事，她们纷纷劝我，要为孩子着想，女儿将来结婚，需要你老公家的财富和关系啊。

我觉得自己都要疯了，整天疑神疑鬼，十分没有安全感。

我花钱做美容，做美甲，带女儿上舞蹈班、游泳班，逼自己变得正常一些。可还是忍不住，想要确认老公是不是有了外遇。我偷偷查看他的手机,连微信黑名单和通讯录黑名单都看了,却一无所获。

有一次老公陪我回娘家吃饭,我当着很多人的面说:"这男人啊,一要床上行,二要会疼人,其他的什么都不是,比如我们家这个,一样都不沾边。"

众人听完,面面相觑,场面非常尴尬。我就是想刺激他,故意说很多让他难堪的话,可他对我仍旧不闻不问。

婆婆这边对我不依不饶,成天说一些让我不适的话,话里话外的意思都是"不能生就把正房的位置让出来"。可惜我当时还没听懂什么是所谓的正房,后来才知道,老公早就出轨了,对象就是大学时的女朋友。他们在杭州安了另一个家,而在我生完二胎没多久,他们就有了一对双胞胎男孩。

那件整整齐齐,散发着温柔气息的毛衣,就是证明。

我删除了朋友圈所有我和老公的合照,还想过自杀,甚至还想去找那个女人,和她同归于尽。不知道为什么,我不恨老公,总觉得他还是家庭的成员,而那个女的才是入侵者。

小姐妹觉得我状态不对,劝我去医院看看。我去了,医生给开了氯硝西泮、米氮平和一些安眠药,让我试着调理一段日子。

结婚多年,我出门都主动挽老公的胳膊,他却从来不牵我的手。婆婆一家对我极少尊重,在他们眼里,我就是用来传宗接代的工具。即便如此，我还是想，只要老公还认这个家，我愿意一直这么过下去。

我状态越来越不好，开始吃不下饭，偶尔吃几口，还边吃边哭。

虽然极度痛苦，但我还是控制不住自己，总想找到老公出轨的证据，走进了死胡同。慢慢地，我的身心都陷入了极度煎熬的状态，我觉得我的人生被毁了。

于是，那个和死亡擦肩而过的下午到来了。

那天我回娘家，说起这些年受的委屈，止不住地流眼泪。我妈默不作声，我爸在一旁气得跳脚，说我是赔钱货，嫁过去5年没捞到一点好处。这大概就是所谓的"压死骆驼的最后一根稻草"。

回到家，我就着啤酒吞下了所有医生给我开的药。没多久，我就感觉胃里翻江倒海，继而开始流鼻涕，眼冒金星，天旋地转。

醒来后，我看见我父母和婆婆还有急匆匆赶来的老公。他们满脸惊恐，一瞬间，我竟有了报复的快感，却不知道到底报复了谁。

前半生的悲哀结束了

为了排解心中积压的苦闷，我和大学室友聊天，得知她离婚了，但因为没有工作，抚养权被判给了前夫。她心有不甘，就办了一个工作室，天天在家熬制手工阿胶，再通过朋友圈售卖。

时间久了，不仅积累了一些稳定的客户，还吸引了许多全职宝妈加入。

"不想做行走的子宫，就要想办法自己谋生。"室友这样开导我。

我在书上看过，说有过死亡经历的人，心境、想法往往会产生很大的变化，有的人甚至会"大彻大悟"。

我意识到，我与老公之间的天平，一开始就是失衡的，再加上婚后需要照顾孩子和家庭，我的社会活动大幅减少，也失去了掌控自己人生的能力。

没过多久，我又怀孕了。这次婆婆直接放话，让我去查孩子性别："要是女孩就别生了吧，省得浪费时间。"

我站在那儿气得不停地哭，冲婆婆喊："你们一家子都没把我当个人看！是不是把我逼死就满意了？！"这时，老公突然出现，粗暴地将我拉回卧室，说："不是答应了不死吗，为什么还这样？"

"别喊了，你想让所有人都知道我们家有个精神病儿媳吗？"婆婆语气强硬，完全不顾一旁被吓得大哭的孙女。

我心里愤恨不已，不知道自己的人生到底哪个环节出了问题，要承受这样的命运。

"离婚吧！"这三个字说出口后，我突然平静下来，仿佛过完了漫长的前半生。

在孩子抚养权的争夺上，我和婆家展开了漫长的拉锯战，最终两个女儿都归我。我做了流产，带着两个女儿搬离了婆家，在外面租了一个小两居，和老公正式分居。离开的那一天，婆婆嚷着："孙女永远是我们家的孙女，长大了还能不认亲爸，不认爷爷奶奶？再说了，都是女娃，长大能变成什么样还不知道呢。"

办完离婚手续那天，我问老公是否爱过我，他回答："没有，从来没有。"

"那你为什么要跟我结婚？"我哽咽道。

"你现在问这个烦不烦？因为你是我妈选的啊！"他说完，转身拿起电话，说了一句"都办完了"。

那是5年下来，我得到的最终答案。那一刻，我感觉鼻子一酸，嘴角发颤，再也支撑不住，失声痛哭起来。

破碎过，才能涅槃重生

我悲哀的前半生终于结束，而我的生活也仍将继续。

我清楚地知道，我的婚姻经历和精神状态可能会让女儿受到嘲笑和不公对待，我不想让她们承受这些。

为了照顾孩子，我辞掉了薪水微薄的工作，给室友的工作室投了一笔小钱，也跟着她做起了手工阿胶。最忙的时候，我一天熬了

140斤阿胶膏。也许是高强度的工作让我有些劳累，更需要休息，我的失眠竟然缓解了。

从前，我和外界的连接只限于千方百计获取丈夫出轨的证据，非常极端，仿佛我跟世界是隔离的。我知道这样不好，但始终不能罢休，耿耿于怀。后来我通过心理咨询了解到，这是抑郁症的一些表现。

如今，我对过去那个家庭中的一切都不再关心，我开始为自己而活。我是一个妈妈，也是我自己。我对自己人生的期许有了转变，我不再希望在婆家站稳脚跟，而只想做一个平和、坚韧的普通女性。

等两个女儿长大了，我想我会毫无保留地告诉她们妈妈的这段经历，因为支离破碎过，才能有如今的涅槃重生。我会把我所知道的美好品德都教给她们，培养她们对生活的热爱。

我也开始和其他异性接触，并接纳他们的善意。有一次，一个和我约会了半年的男人来看我做阿胶。之后，我看他在朋友圈发了一张我手切阿胶糕的照片，两个女儿乖巧地靠在我身边。他写了一句话：这不是副业，这是尊严。

我陡然生出了重新追求幸福的勇气。

敏感自卑不会是永久的，
依旧感谢温暖过我的爱情

LONELY

沫沫，24岁，从小严重自卑，缺乏安全感。上大学谈恋爱，以为终于能够被爱，却以失败告终。

2019年9月吞药自杀，洗胃，劫后余生。她说，依旧很感谢曾经给予她阳光般温暖的爱情，今后也会继续存着那些温暖，坚持活下去。

我是个从小就很自卑的人

我成绩中等、长相普通，个子瘦瘦小小的，在人群里找不到的那种。

因为从小就自卑，说话声音细若蚊吟。哪怕我只是想当个班干部，或是参加学校里的活动，也会由于各种原因而落选。时间长了，我就渐渐彻底失去自信，觉得自己就是个透明人，到哪儿都不会受到重视，到哪儿都不会被人选择，更不会被人认可。

后来在中学，我遇见了一个男生。他喜欢打篮球，是人群中备受瞩目的那个。而那些仰慕的目光之中，也有我的。

我知道自己对他有种特殊的感情，却坚定地认为他不可能同样喜欢自己，所以一直都是默默地关心他。我小心翼翼地掩藏自己的心思，害怕被他发现，连朋友也做不成。

那时候我没有零花钱，每天就偷偷摸摸地从爸爸的书桌上拿两个硬币去小卖部里买水给他送去，然后再偷偷躲起来，远远地看他喝下我送的水。仅仅如此，我就心满意足了。

后来，老师根据学习成绩成立互助小组，刚好把我们的座位调在了一起，我们就成了同桌。我揣着一颗小鹿乱撞的心把座位换了过去，生涩地和他打招呼。他却笑得很开心，用日语和我说"请多多关照"。

我惊讶地看着他，发现他也喜欢看动漫，于是话题聊开了，我们也就迅速熟络起来。之后，我们甚至每天上课都要互相传纸条，讨论课内课外的各种话题。

那段时光是我最幸福的日子，每一天都很期盼去学校见他。我们传过的纸条一直被我存放在一个文件夹里，从不舍得丢弃，我也从没想过，这样的日子，迟早会有结束的一天。

直到初中毕业，有一天，他突然来问我有没有喜欢的人。我很慌张，以为自己喜欢他的事情被发现了。我很怕他会因此疏远我，连忙扯谎说有啊，不过他不认识。他不信，再三跟我确认，我咬牙坚持自己的说法。他没办法，回复了句"好吧"，就离开了。

自那以后，他再也没有找过我，我因为心虚，也没有再找他。我想等到开学了，如果我们还在一个学校，我们还是能做朋友。

但是命运捉弄人，我们不在同一所高中。我试图跟他发消息，问他的近况，他回复得很礼貌，再也不似从前那般亲昵。我这才后知后觉，就算是不被他发现，也还是会失去他。

又过了一段时间，我看见他发的一张他和一个女生手牵手的照片，附文：双向的奔赴才有意义。

几乎同时，闺密跑过来和我说，他曾经想向我告白，但是听说我喜欢的是其他人，就决定放弃我了。

我知道真相以后，止不住地难过，一直无法释怀，觉得自己错过了最美好的那个人，就再也不能拥有。

自那以后很长一段时间，我每天夜里总要一个人听歌流泪，回想从前的美好，责怪自己的退缩和怯懦，迟迟睡不着觉，甚至偶尔会难受到自残，好像只有这样才能把心中的痛苦转移出去。

我将这一切都归咎于我深入骨髓的自卑，但我始终没办法战胜它。

高中的后半阶段，我开始努力学习，渐渐地把成绩提了上去，身体也长高了一些，不再那么矮。并且，我终于当上了班里的文艺委员。因为自卑惯了，所以对人说话总是温声细语，也从不发脾气，这使我在班上的人缘莫名其妙地好了起来。甚至有些男生开始对我产生好感，虽然没有明说，但是我可以感受到他们对我的照顾。但我心里一直没能放下之前喜欢的男生，所以恪守本心，不敢再触碰新的感情。

我默默努力，3年一晃而过，如愿考上了理想的大学。随后，我遇见了我后来的男友。

天生自卑，却总喜欢光芒万丈的人

他是我同届的同学。一开始，我们只在老师办公室见过一面，但只见了这一面，我对他就产生了深深的好感。然而，我还是没有勇气向他搭讪，进一步认识他。

真正让我们开始产生交集的，是学校附近的理发店。那天下午，我在店内排队等候理发，正要轮到我的时候，我看见他走了进来，吓得我赶紧坐下。

他进门的时候说有预约，报了名字后就被领去洗头发了。我默默记下这个名字，在心里反复琢磨这名字应该怎么写。我们理发的位置相邻，我总是想着找角度偷偷看他。但是动作太明显，很快就被发现了。两个理发师和男生很熟，就对他打趣说，你看你又迷倒了一个女生。就这样，我们算是搭上了话。

聊起来才发现，我们是同一个专业的，只是可惜在不同班级，但这并不影响我们迅速熟络起来。我们开始约着一起去图书馆学习，分享每天的日常，到后来互相把各自的课程表存进相册里。有次一起从图书馆出来，我拍照发了一条打卡学习的朋友圈，他看到后也有样学样发了相似的内容，字字都能和我的对应上。我收到了他的暗示，心里无比欢喜。我想我投入的喜欢，终于获得了回应。

很快，在那一年的情人节，我接受了他的告白，幸福地跟他在一起了。

自那以后，我们开始了甜蜜的恋爱。我们都很喜欢拍照，也喜欢一起去学校附近约会。我们从牵手都会害羞到穿着拖鞋随意出门逛街，顺利得我都不敢相信那是我会遇到的感情。

但这份美好仅仅是看起来如此。

因为男友太过优秀，我背地里会听到一些言论，大体意思是说我们看起来很不搭。虽然他也表示不要在意这样的言论，我却在每次合照中看出了我和他之间存在的巨大落差。

那些话还是会影响到我，让我想起很多不好的经历。恋爱初期最甜蜜的时段过去以后，我骤然产生一种深深的不适感。

我开始在每天和他道"晚安"之后，用小刀的刀背在自己的手腕上写字，轻轻地刮出白色的痕迹，算不上伤，却清晰可见。

我觉得，我不配拥有他。

我的自卑在跳舞，引导着抑郁作祟

到了大三，我们渐渐忙碌起来，各自找了一份实习的工作，能见面的时间大大减少。

过惯了形影不离的生活，这样长时间难以见面的日子让我非常不适应。虽然他会把自己的行程第一时间告诉给我，上班有空也一定会及时回复消息，但还是难以消除我心里的不安和失落感。我意识到自己太过依赖他了，想要改变却没办法减轻自己的焦虑。

　　他在实习单位得到了老板的高度认可，已经口头约定好毕业后可以直接转正，而且是进入管理层。听着这个好消息，我为他感到十分高兴，可相比之下我觉得自己做什么都不行。

　　我上班很难集中精神，做表格也容易出差错。我向他倾诉自己的难受和委屈，他也耐着性子安慰我。久而久之，我们的通话内容变得几乎只剩下我的抱怨和负面情绪的宣泄。

　　与此同时，他变得越来越忙碌，越来越投入工作，能陪我的时间越来越少。

　　我开始变得敏感，精神上极其脆弱，上班的压力也在催化着我的抑郁。我无法控制好自己的情绪，而他并不能在第一时间赶到我身边。

　　终于，我跟他提了分手。他不明白发生了什么，震惊之下立刻停止手中的工作，第一时间赶到我身边挽留我。我们抱在一起哭了很久，他流着泪亲吻我，问我究竟是怎么了，能不能多给他点时间，我们可以在一起的。我感受到他对失去我的那种惶恐和担忧，也满怀愧疚和感动。我知道我爱他，他也还爱我。于是，在他的安抚下，我暂时克服了心中的不安，在他怀里承诺再也不闹了。

独自承受着这一切痛苦

虽然他及时挽留了我，但后续的日子并没有什么变化。我们还是像往常一样相处，而我的抑郁仍然不停地发作，时强时弱。

这期间，我无法摆脱自己身上的负能量，情绪时常大起大落，忍不住又跟他提过几次分手，他还是像第一次那样来挽留我。直到某一次我因为一点小事，突然对他发火，否定了"他爱我"这件事。他也怒了，说"分手就分手吧"，然后愤愤地挂了电话，语气中充满了为自己感到不值的不甘。

我在那通电话结束后愣了很久，再打回电话给他，他也直接挂掉。我开始慌了，我想等他的回复，却度秒如年。终于，我主动去他公司找他，让他不要离开我。

他第一次见我这样，脸上露出了一丝诧异，但还是无奈地说他已经累了。但是，我死死坚持不肯就这样分手，最终把他劝了回来。

从那以后，我再也没敢提分手，也不敢在他面前流露负面情绪。然而，他对我的热情和呵护却不复往昔，尤其是在照顾我情绪的时候，明显不用心了起来。

我知道，他开始觉得我莫名其妙、不可理喻，觉得我像变了一个人。但是，我没法开口跟他说一切都是因为我的自卑。我发自内心地觉得我们之间的差距太大了，我很怕优秀的他将我远远甩在身后，我怕别人说我们不合适。我怕终有一日，他也会对此有所不满，然后将我抛弃。

这些担忧我只能藏在自己的心里。

我们如履薄冰地将这段感情延续了几个月，到毕业季，终于还是正式分手了。

他说："很多事情就像是烧铁丝，长久地烧啊烧的，那根铁丝就断了。"

我的精神在巨大的打击下，也崩溃了。我陷入严重的失眠和焦虑，对自己失去的一切耿耿于怀，整个人也变得憔悴不堪。

服下了积攒已久的安眠药

我想，我终究还是无法接受他跟我分手的事实。几番挣扎过后，我又试图再次挽回他，然而这次他没有心软，还表示不想和我再有联系。

我点进他的朋友圈，只能看到一片空白。我知道，这意味着他已经把我完全排除在他的生活之外，不想再有任何瓜葛。

那一晚，我哭得泪干肠断，头痛欲裂，跌跌撞撞地回到房间，取出三瓶安眠药倒在手上，就着水全部吞了下去。然后躺在床上，盖好被子，死死地盯着天花板上的霉斑，心想这难道就是我离开世界之前最后看到的颜色？

　　等我醒来，已经过了将近三个小时。妈妈下班回到家后，发现我床头放着三个空空如也的药瓶，就撕心裂肺般扑到我身边。我从未见过她失态成这副模样。我开始后悔，泪水瞬间夺眶而出，和她紧紧抱在一起。然后，妈妈把我送去了医院。

　　到了医院，医生了解情况后表示必须要洗胃。我按照指示侧身躺好后，几个护士上来将我死死按住。我还没明白即将发生什么，医生就拿出一根拇指粗的管子，一点一点推进我的咽喉处。我一阵干呕，开始剧烈挣扎，但是根本没有用。护士们将我牢牢控制住，我的挣扎只是在加剧洗胃的痛苦。最终管子还是进入了胃里，我开始不停地呕吐，没过多久空气中就充满了药水和呕吐物的味道。

　　洗胃结束后，我趴在马桶上继续吐，几乎到了要吐出胆汁的地步。妈妈看急了，就跟护士拿了止吐的药给我吃，这才让我好受了一些。等我完全好了的时候，我发现自己只剩下"还活着，我再也不要作死"的念头。

　　回到家洗漱以后，我打开手机，颤颤巍巍地给他发了一条信息："我吃了三瓶安眠药，洗胃了。"之后就不再想他，强烈的疲惫感让我直接昏睡过去。

　　第二天下午醒来，他仍然没有理我。那一瞬间哀莫大于心死，我没忍住，自嘲地叹了一口气。妈妈听见我醒来的动静，赶紧端了杯温水进屋让我喝下。我听着她唠叨吃药后的注意事项，心头一酸，又哭了。

我缓慢地抱紧妈妈，跟她说："放心，我再也不会做傻事了。"
妈妈哽咽了一下，也紧紧抱住我，说了句："傻孩子。"
母女俩就这样哭成一团。

劫后余生和往后余生

舍友们在听闻我洗胃的事情之后，纷纷抽空来探望我。在我完全康复后，还带我去吃东西，庆祝我大难不死必有后福。在席间，原先睡在我上铺的姐妹不停地闷声喝酒，心事仿佛比我还重。

我问她："怎么了？"她小心翼翼地确认我不会再为前男友寻死觅活之后，低声告诉我，他已经找到新欢，是以前实习认识的女孩，外表比我要好看。

我瞬间明白了很多事，其实在感情出现裂痕后，勉强相处时的各种细节早就有了预示，只是我自己没有发觉罢了。

饭局结束后，我一个人静静地待着，回忆起我和他刚在一起时的甜蜜。我翻看了和他的所有聊天记录，又将那些带着美好回忆的照片一一保存，然后终于屏蔽了他的联系方式。我希望能够就此挥别这段感情，虽然我知道这个过程会十分漫长与煎熬。

我不知道我要如何往前走，却再也不会想到自残，似乎在吞药洗胃事件之后，因为本能的求生欲开始渴望好好活着。

我接受了同学的介绍，找到了新的工作，接触了新的环境，也交到了新的朋友。因为是在花店工作，我对园艺、插花产生了浓厚的兴趣，也在家培育了各类花植。我还定下了每个月攒1000块买相机的目标，也会定期和姐妹们出来逛街，喝下午茶。

如今在我眼里，生活中到处充满阳光与温暖，生活平和且悠闲，工作充实而安定。只是我偶尔在走神的时候，还是会想起他最后一次和我谈心留下的话："我希望你也早日告别过去，拥抱新的未来。"我浇着花，默默地想，现在我已经在拥抱没有他的未来，也并不像之前担忧的那样活不下去。

我相信自己今后还是能遇到令我心动的人，而到那时，我一定要自信，再也不要白白错过爱情。

在抑郁这件事上，
你并不孤独

LONELY

第三部分　如果累了，我陪你啊

Part three

从来没有标准能定义我们生活的输赢，

在你跑累了的时候，

让我来帮你拍拍身上的尘土，

一起席地而坐："不如我们看会儿星星。"

我抑郁了，怎么办?

LONELY

抑郁症是一种常见的精神疾病。我们对抑郁症并不陌生，但真正了解它的人少之又少。

抑郁情绪 ≠ 抑郁症

网上关于抑郁症的定义有不少，但其中相当一部分都混淆了抑郁情绪与抑郁症。从抑郁情绪发展到抑郁症是一种从量变到质变的过程，质变发生的时间点就是产生抑郁情绪的两周后。

两周是由众多精神领域专家商定的时长标准。不足两周的情绪低落，是抑郁情绪，如果超过两周还无法自行调节恢复，那就有可能是抑郁症了。但这并不是判断是否患病的唯一标准。

抑郁症的诊断总共有五个标准：

1.以下两种情况至少满足其中之一：

（1）心境抑郁或悲伤；

（2）对于曾经喜欢的活动，失去兴趣或不再感到愉悦。

如果出现4种以上下列症状也要引起注意：

（1）体重改变或食欲改变；

（2）失眠或嗜睡；

（3）感到不安烦躁，或者言语和运动迟缓；

（4）疲乏或失去能量；

（5）感到无价值或内疚；

（6）难以集中注意力或难以做决定；

（7）经常想死或自杀，计划自杀或企图自杀。

2.相关症状几乎每天都有，并且持续不少于两周。

3.引起巨大的痛苦，社会、职业或其他关键方面的功能受损。

4.症状并不是由毒品、药物、精神性障碍或其他躯体疾病所致。

5.未出现过躁狂或轻躁狂。

只有当以上 5 个标准全部符合的时候，才能诊断为抑郁症。

谁容易得抑郁症？

谁容易得抑郁症，并没有一个明确的标准，但以下均为抑郁症高发人群：

1.父母、子女及同父母的兄弟姐妹中有人曾经得过抑郁症，那么自己得抑郁症的可能性比其他人要高2—10倍；

2.经历过创伤性事件的人，如性侵、霸凌、自然灾害、意外事故等；

3.性格比较内向敏感、悲观自卑的人；

4.处于压力和紧张的氛围中，长期无法得到疏解的人；

5.有严重的其他疾病尤其是脑部疾病的人。

抑郁症有哪些常见的表现

我们对抑郁症并不陌生，但真正了解它的人少之又少。它会引起5个方面的问题。

1.睡眠问题。

第二天要上班，但你辗转难眠到凌晨2点。试了几十个ASMR（自发性知觉经络反应），换了各种睡眠姿势，3点20分，头很痛，眼很酸，但依旧睡不着。

2.成瘾表现。

午间休息，边吃外卖边刷淘宝，物流信息提示你有 3 支口红、2 件衣服等待签收。需不需要好像没那么重要，只有拥有，只有不间断的快递，才能缓解你内心的不安。

3.抑郁情绪与情感。

夜色来临，曾经最爱的夕阳在此刻看起来满目悲凉。眼泪不知不觉就流下来了。你好像不悲伤，却又悲伤到绝望。

4.悲观认知。

结束一天的工作躺在床上，你开始内疚、懊恼。今天因为你的一个小失误，导致整个部门加班，你觉得自己糟糕透顶，做什么都不行，没有人能救得了你。

5.躯体症状。

胃部出现灼热感，想吐，在卫生间直起身子的瞬间突然眩晕、耳鸣。也许是因为一直睡不好，走在上班的路上，一阵强烈的疲惫感袭来，但你清楚地知道不能请假。

　　抑郁症是一种常见的精神疾病，根据世界卫生组织（WHO）在2017年发布的数据，全球有超过3.2亿抑郁症患者，2005—2015年间患者数量增加约18%，全球范围内约有4.3%的人罹患抑郁症，发病风险最高的三个群体为年轻人群、孕妇/产后妇女及老年人。全球每年因为抑郁症自杀的人数约为80万人，抑郁症已成为15—29岁年龄段个体的第二大死因。2/3的抑郁患者有过自杀的念头，半数以上患者尝试过自残行为，接受正规治疗、坚持吃药或心理咨询的患者不到7%。2019年，我国抑郁症的患病率达到2.1%，焦虑障碍的患病率是4.98%。世卫组织已经将精神疾病纳入五类重大慢性非传染性疾病中。

　　"郁闷""烦躁""别理我、烦着呢"，这些言语实际上都是抑郁情绪的代名词。抑郁症作为一种常见的情绪疾病，有心理症状和身体症状。心理症状表现为持续性情绪低落、兴趣缺失等，身体症状表现为长时间精力减退、失眠等。

　　抑郁症患者因为其大脑中的 5–羟色胺和去甲肾上腺素这两种神经递质的不平衡，会出现典型的"三低"症状，即情绪低落、兴趣降低、精力下降，并导致食欲和性欲减退，甚至悲观厌世，企图自杀。

　　如果怀疑自己有抑郁倾向，应先通过专业可靠的量表进行测评，确定自己的真实情绪状态，再根据测评结果采取下一步行动。

如果在两周内，出现下列症状中的一个或多个，请及时做检测：

1.几乎每天都感到心境抑郁、易怒、易暴躁；

2.经常感觉对几乎所有活动的兴趣明显减退；

3.在没调整饮食方式的情况下，体重却明显减轻或增加；

4.经常失眠或嗜睡；

5.经常感到反应迟缓，精神运动性激越或迟滞；

6.经常感到疲劳或精力不足；

7.经常感到自己无价值，有内疚感，甚至达到妄想的程度；

8.无法集中注意力；

9.反复产生死亡的想法，包括无特定计划的自杀企图，或有具体计划的自杀行为。

无论是身陷抑郁情绪还是抑郁症，都请记住：

你不是唯一有这些感觉的人，许多人都经历过这种情况并且至今仍然好好活着；

你不必自责，任何人都可能遭遇这种情况；

专业人士（包括医生和心理咨询师）能够帮助你，你会好起来的。

抑郁症患者为什么会自杀？

抑郁症患者为什么会自杀？

一是抑郁症患者的脑区发生了改变，使抑郁症患者决策能力下降，令其行事更加冲动，增加了他们的自杀风险。

二是因为抑郁症所带来的情绪反复和躯体症状把患者折磨得生不如死。一个抑郁症患者想自杀，绝对不是因为他意志薄弱，想要博得关注。

每个人都是有求生本能的，当这一本能被扑面而来的绝望感淹没，想要放弃时，希望大家能够做到以下几点：

1.不要独处，尽量往人多的地方去；

2.找一些事情强迫自己转移注意力，不要陷入"自杀"这件事出不来；

3.如果还是无法走出想实施自杀这种冲动，那就找一个你信得过的人，寸步不离地陪伴你；

4.如果至此都无法消除自杀冲动，那么就必须得去医院，住院或者考虑用电休克疗法快速消除自杀的念头。

觉得自己得了抑郁症该去哪儿就医？

一般二级以上综合医院或者精神专科医院都会设有精神心理科室，当你觉得自己状态十分糟糕，想要确切地知道自己是哪方面出了问题时，建议首次就医尽量选择精神专科医院，尤其是当地的精神卫生中心挂牌的医院。

去医院的时候，医生会根据你的症状进行诊断，并对症开药，用医疗手段帮你治疗抑郁症。

如果想获得心理治疗，有4个地方可以找到心理咨询师：医院的心理科室；高校的心理健康中心；社会心理咨询机构；个体咨询师。

但需要注意的是，很多抑郁症患者不想吃药，只想找咨询师聊一聊，这种情况是要看抑郁症严重程度的。

如果是重度，那就必须先吃药控制症状，等降至中度时再加入心理咨询；如果是轻度，则可以考虑只进行自我调节或者心理咨询；而中度的时候，也必须吃药，这时候同时辅助心理咨询效果会更好。

抑郁症什么时候才算"治好了"

在精神类疾病中，抑郁症算是比较轻的疾病，只要积极治疗，治愈是完全可能的，而临床痊愈是指患者完全恢复正常或缓解至少6到12个月。

一般来说，治疗过程有3个月的急性治疗，4到9个月的巩固治疗，以及不定期的维持治疗。想要痊愈，需要足药足疗程地进行治疗。而判定抑郁症是否痊愈，是在进行充分治疗后，抑郁症状完全消失超过半年，才算是治好了。

值得注意的是，抑郁症常出现病程迁延，久治不愈的情况。大多数因为两点：治疗依从性差，擅自停药；没有辅助心理治疗，改变认知习惯，导致频繁复发。

发作3次及以上或者没有接受维持治疗的患者，复发风险会高达90%。

大家一定要重视抑郁症，全方位地彻底治疗，全面护理。

如果累了，
我陪你

LONELY

　　没有人百分之百想自杀，如果可以，请尽力帮帮他们。路途遥远，我们都有可能成为那个需要被拯救、被陪伴、被理解的人。

声称要自杀的人是真的很想死吗？

说要自杀的人，有很大一部分是因为处于人生的危机当中，自杀是一时之念。大多数犹豫不决或内心冲突的自杀求助者，不仅是在提供一些自杀线索，还是在以某种方式请求帮助。

这些线索可能是言语上的、行为上的，也可能是某种状态或综合征。

言语线索是指口头或书面表明的自杀想法，可能直接说"我不想活了"，或者间接地说"自己对任何人都没有用了""死了更好"，也可以是写遗书。

行为线索可能是与人告别、安排后事，甚至割腕，以此作为一种自杀"实践"或方式。这样的行为线索更能说明这些人在"寻求帮助"。

状况线索包括配偶死亡、离婚、难以忍受的躯体疼痛、不能治愈的晚期疾病、突然破产或者其他方面的急剧改变。

综合征线索包括各种想自杀的症状，如严重的抑郁、孤独、绝望、依赖他人以及对生活不满等。

几乎所有想自杀的求助者都提供了几种线索或呼救信号，有些线索和信号易于识别，也有些是难以识别的。

抑郁症病友群会不会变成约死群？

既然自杀效仿现象和维特效应已经越来越普遍，那么把一群抑郁症患者聚集在一起，很多人就会担心病友群会不会直接变成"约死群"。

很多患者家属都是受这种观念影响而想当然地强硬阻止子女进入病友群，声称"我女儿就是因为总和不正常的人聊天才变成这样的，是你们害了她"。

但很多人都忽略了最重要的一点：一群相似的人互相遇见，第一诉求绝不是约死，而是久违的共鸣和理解。

因为抑郁的我们，有相似的经历和悲喜，更容易理解对方的情绪和行为。

在病友群里，他可以是我毫无保留的倾诉对象，可以是最能懂我的陪伴者。我不用怕他觉得我玻璃心，也不用担心他觉得我太过啰唆。

病友们在这里交换自己的故事，分享喜悦，分担苦痛。

有病友曾说道："我能清楚地感知到，我在帮助他的同时，我也在获得帮助。"

病友群陪伴者计划部分活动图：

图1　"我走过小区的木桥，下面有江水的声音"

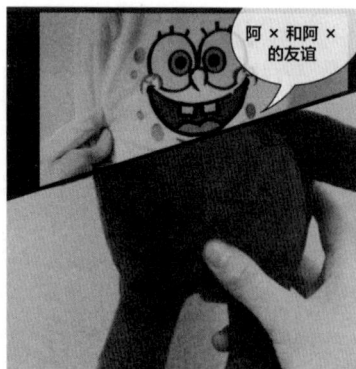

图2　"我最喜欢的小熊，它的名字叫海绵宝宝"

在"抑郁研究所"的病友群内，每一个孤独的人都能找到慰藉，找回"被理解"的感觉，就像有位16岁的病友所说的那样：
"只有在这里，我感觉我才是个正常人。"

毕竟，在抑郁这件事上，你并不孤独。

自杀的高危人群在自杀之前会有一些警示吗？

一个人，无论何时具备以下4—5项危险因素，就可以被认为处于自杀的高危时期：

1.有自杀家族史；

2.有自杀未遂史；

3.已经形成一个特别的自杀计划；

4.最近经历了心爱的人去世、离婚或分居；

5.最近由于经济损失或受虐待而家庭不稳定；

6.陷入特别的创伤而难以自拔；

7.有精神疾病；

8.有药物或酒精滥用史；

9.最近有躯体或心理创伤；

10.有失败的医疗史；

11.独居，而且与他人失去联系；

12.有抑郁症，目前处于抑郁症的恢复期或抑郁发作正在住院治疗；

13.在分配个人财产或安排后事；

14.有特别的情绪和行为改变，如冷漠、退缩、隔离、易怒、恐慌、焦虑，或者社交、睡眠、饮食、学习、工作习惯发生改变；

15.有严重的绝望或无助感；

16.陷于曾经的痛苦经历中不能自拔；

17.经常表现出易怒、孤独、内疚、敌视他人、悲伤、失望等情感。

常见的自杀求助信号有哪些？

直接的危险信号：

1.说"不想活了"或"死了更好"；

2.感觉无助、绝望和自身没有价值；

3.表示陷入痛苦之中无法自拔，有中止痛苦的意愿；

4.嘱咐和安排后事；

5.有道别的表示。

间接的危险信号：

1.浏览和询问自杀的办法；

2.购买自杀的物品（如大剂量的安眠药、含剧毒的药剂、绳索、刀具等）；

3.把珍藏的心爱或昂贵的物品送人；

4.谈论很多死亡和自杀的话题，对于他人的自杀身亡表示羡慕或愿意效仿；

5.易怒、焦躁不安或情绪化；

6.有冲动的举动或破坏性的行为（如危险驾驶等）；

7.持续的自残行为（如身上不断出现伤痕，有撞墙、拿香烟烫自己、绝食等行为）；

8.长时间一个人发呆和哭泣；

9.滥用安眠和止疼药物。

抑郁症、双相情感障碍和创伤后应激障碍等精神障碍患者，其抑郁情绪达到中到重度，以及在治疗恢复期都可能做出自杀行为。精神障碍患者的自杀倾向具有持续和反复性，需要额外留意。"直接的危险信号"中符合一项就有自杀的可能性，"间接的危险信号"中符合两项或两项以上，也会具有同样的危险性，需加强监督与防范。

病友群里/身边有要自杀的人，我该怎么帮助他？

发觉身边有人要自杀后，可以简单询问企图自杀者为什么想自杀。不是当即采取自杀行为（如准备跳楼），可以问一下如果想自杀打算怎么做。如对方已有具体的自杀计划，这是实施自杀的高危信号，需要格外留意。

交流上以倾听为主，表示关心和支持。不要去评判和指责，更不能用辱骂和争吵等来刺激对方。不承诺替对方就自杀的情况保密。

当企图自杀者是陌生人

在互联网上看到有陌生人有自杀冲动的时候，尽量劝说对方拨打心理危机干预热线。如果对方表示已有或正要施行自杀行动，立即通知社区管理员。在现实生活中遇到类似情况，可以拨打110，如对方受了伤还可以同时拨打120。

警察和救护车未到之时，如果不知道该怎么阻止自杀者，可以咨询心理危机干预热线。热线的工作人员能为企图自杀者及其亲友、目睹自杀的人做短暂的危机干预，也会告诉来电者如何处理自杀者的紧急状况。

当企图自杀者是身边的人

设法通知其亲友或同事、室友等有密切联系和频繁接触的人，说明事情的严重性，并建议他们陪同企图自杀者致电心理危机干预热线，找所在学校或机构的心理咨询中心、当地的精神专科医院做评估，排除继发的自杀风险。

如果企图自杀者曾经或疑似罹患精神障碍（如有强烈并持续的自杀冲动），立即通知其家属陪同去医院治疗。

如对方已处于治疗阶段，跟医生交流调整治疗方案。如果对方已采取过自杀行为或准备采取自杀行为，当即陪同患者去当地的精神专科医院住院治疗。

不是法定监护人无权给患者办入院手续，签署知情同意书。患者的好友或非婚恋人要通知其家属并获得对方的许可才能办理。

没有人百分之百想自杀，如果可以，请尽力帮帮他们。路途遥远，我们都有可能成为那个需要被拯救、被陪伴、被理解的人。

活着已经很艰难了，还好我们可以相互治愈。

**我想陪他走出抑郁，
该怎么做?**

LONELY

最好的良药，就是你的爱与包容，祝你在乎
的人早日康复，也同样感谢你的理解与陪伴。

学会识别危机状态

人类都具有生本能，同样也有死本能。但在自杀成功的人群中，只有极个别是冲动自杀，绝大多数在自杀之前都有过深思熟虑，并且发出过不同的求救信号。

在经过思考和求助后，他最终依然决定离开，是因为发现，实在找不到留下来的理由，没有人愿意让自己留下来，没有人识别到自己发出的信号。在这样的失望中活着，还有什么意义呢?

常见的求救信号有以下几类。

1. "我什么都做不好"。

出现抑郁倾向的人会不断地否认自己，无论遇到什么事情都认为自己做不好，甚至认为自己是多余的，会成为他人的负担。

2. "烦死了"。

觉得自己非常失败，被负能量所包围，甚至会把自身的消极情绪发泄在他人身上。

3. "全都是我的错"。

当一个人极度否定自己的时候，就会无法接受自己，而且会把所有的过错都揽到自己身上，哪怕不是自己亲力亲为的事，也认为是自己间接造成的。

其他的一些反常行为，比如总是唉声叹气、哭泣、谈论自杀和死亡、自我伤害、恨自己、自残、安排后事、留遗嘱、找剪刀利器、打扮怪异、生活作息规律的人忽然不规律、身体暴瘦等等。一般来讲，表现出这些行为的人，极大可能内心是抑郁的状态。需要注意的是，情绪突然异常平静也需要引起重视。

这些都有可能是患者潜意识下发出的求救信号，这时需要多给他一些陪伴，而不是说教。

所以，一旦发现身边的人出现类似症状，请一定认真地询问他的感受，24小时陪护，必要的时候向专业机构（医院、公安局）求助。

你的倾听，对他来说，就是敞开了一扇和外界联结的门。你的关注和理解，对绝望的他来说，也许不一定足够，但可以带来希望。

做个温暖的朋友

很多时候，再权威的理论，也比不上朋友的一句看似荒谬的理解。

曾经有一个小男孩，很晚才回家，妈妈问他做什么去了。他说他今天去安慰了隔壁家刚刚丧偶的老爷爷。妈妈很惊讶，问他是怎么安慰爷爷的。作为成年人，妈妈觉得老爷爷丧偶，情绪势必会特别沉重，是很难安慰的。

小男孩说："我骑车路过老爷爷家，看见他自己一个人坐在院子里哭，我于是把车子放在一边，爬上老爷爷的膝盖，跟他一起哭。"

大人没有做到的事情，这个小男孩做到了，其实我们每个人生来都和这个小男孩一样，是个天生的治疗师。只是我们在慢慢长大的过程中，学习了各种各样的道理，有了各种各样的价值观。

每当我们要感受情绪的时候，大脑便跳出来指手画脚：你这样想是不对的，你那样想是消极的，你看你拥有这么多东西，你看有那么多人关心你，你不该再难过了……

于是，我们时常这样评判自己：你不该难过这么久，你该快快好起来！

而小男孩做的，是最天然的共情：我知道你难过，我不指手画脚；我陪你哭，而不急于让你变成我所期望的样子。

有时候我们尝试去理解患病的亲友，却发现很难达成共识，因为我们确实没有经历过他们所经历的事情，没有办法和他们有一模一样的感受。可是我们努力理解他们，和他们产生共情的目的，并不是要完全进入他们的世界，而是要陪伴他们，帮助他们更好地理解自己。这份为理解他们而付出的努力，会成为养分，帮助他们在理解自己的路上走得更快、更稳。

我可以为他做些什么？

1.我们首先应该做的，是"承认他的痛苦"，予以理解永远是通用的陪伴准则。

2.不催促患者，不要给他时间压力。耐心是帮助治愈的基础，一味地期望患者"按照我们想要的速度快快好起来"只会适得其反，加重病情。

3.一般情况下，我们总是特别擅长鼓励朋友：你看你拥有这么多，多少人过得还不如你；这不过是小事一桩，没有什么大不了的；你睡一觉明天就好了……但处于生病状态下的患者，听不进去这些"洒阳光"式的开导，与盲目乐观相比，他更需要身边的人来理解自己的困境，关注自己的痛苦。

4.如果你真的希望他好起来，那么请别吝惜自己的情绪，帮助他，用他喜欢的方式表达最真实的感受。

5.帮助他寻求好的支持，包括来自家人和专业机构的。

6.帮助他做一些自己可以掌控的事情，增进自我认同感。

7.平常如果条件允许的话，可以多陪他去室外活动。抑郁患者往往很怕见人、与人交流，这时候请一定保持耐心，多劝几次。活动尽量不要涉及激烈运动（很多抗抑郁药物具有镇静作用，会极大程度地消耗人的体力），或者具有竞技性质的内容（失败会让患者感到沮丧）。共同吃饭、聊天、晒太阳、散步、读书、逛街、逛博物馆和剧院等，都是不错的选择。如果对方不愿意讲话，不要逼他，静静地陪着就是最好的方式。

在相处中不要做的事

1.不要把自己的信念强加给对方，比如你必须要去工作、你必须要去考试、你必须要去运动、你必须好起来等等，即使是吃药也要以温和劝说为主。

2.不要忽视对方的感受，比如对方向你倾诉时无视对方，自说自话，或者刻意避开抑郁话题。抑郁症患者尝试表达自我，是释放出负能量和压力的过程，如果被忽视或否认，他们会更加自我封闭，不再相信他人。

3.不要评价，比如你就是懒、是闲出来的、矫情、想太多等等，这太残忍了。

4.不要否认对方，比如你怎么这么点事都做不好啊、你没有抑郁症、我们那个年代更痛苦也没这病等等。你不了解他们的感受，不要再以衡量普通人的标准对待他们，更不要否认他们真实存在的痛苦。

5.不要讲道理和强行"正能量"，比如你要开心啊、你要看到生活的美好啊、你要快些好起来啊、你要努力啊等。对方比你更想好起来，道理谁都懂，但就是做不到、感受不到啊，所以说这样的话是毫无意义的，反而会让对方更难受。

6.不要给对方压力，比如"我们活着都是为了你，所以你不能想不开啊""你要想想别人啊，不要那么自私"等等。希望对方重视自己的价值，初衷是对的，但是这样的表达方式只会让对方感到压力，然后陷入更深的焦虑和对自己的责备之中。

7.不要过分热情，不要觉得对方只是不开心，然后以自己的方式去开导和"医治"对方，也不要因此而不断询问对方的感受，让对方觉得自己是个"特殊人"。

作为陪伴者，需要做好哪些准备？

1.做好持久战的准备，抑郁症的康复不是一朝一夕的事，如果你真的在乎他，请做好长线作战的心理准备。

2.不对患者抱有过多期待，有的病人状态会时好时坏，要注意自己的情绪不要被影响到。

3.学会控制自己的情绪，在对方病情发作时，告诉自己对方只是在释放负能量，是好事，千万不要被带入到对立面，开始争论是非对错。

4.表现出稳定情绪，为对方树立榜样，让对方感受到安全和稳定，如果自己也被对方影响而歇斯底里，那么对方会更难受和自责，感觉拖累了重要的人。

5.给自己释放压力的时间和方式，这样才能保持更好的状态陪伴。

6.相信爱和希望的力量。

　　"抑郁研究所"病友群里有一位病友曾说："做了那么多次心理咨询，但真正让我从抑郁中走出来的，不是各种心理学理论，而是朋友对我无条件的接纳和信任，让我慢慢地找到了自己的价值。最好的良药，就是你的爱与包容，祝你在乎的人早日康复，也同样感谢你的理解与陪伴。"

在抑郁这件事上，
你并不孤独

LONELY

陪伴是什么？是不再让你孤单，"抑郁研究所"过往的几期"陪伴者计划"，累计帮助了324位病友，留下了1207张照片、615首歌曲、255份陪伴日记，为大家记录了一段宝贵的经历。这些点点滴滴，已经融入生活中的各个角落，疗愈着病友们的每一天。如果抗抑郁的路很遥远，我们一起走。

"我患了神经性放屁，自卑到连自己都放弃"

我印象中的阿琳，以前一直是个很开朗的女孩，但可能越是人前开朗的人，就越是会人后伤悲吧。

阿琳说，从高中开始她就患上了胃肠神经功能症，虽然不是什么大病，但最尴尬的是这个病的外在表征：只要一紧张就会不停地放屁。

这对一个女孩子来讲更加难为情。从那之后，阿琳每分每秒都在担心自己会出丑，越紧张，放屁的频率越高；放屁越多，就越紧张。

阿琳似乎陷入了一个无法逃脱的"放屁黑洞"中，这吞噬了她所有的自信和阳光，只剩下自卑，黑漆漆的，一眼望不到头。

48天后，阿琳实在撑不下去了，整日躲在家里不敢出门，学校也不敢去了，因为总有调皮捣蛋的同学叫她"放屁虫"。更要命的是，正值青春期的她在那段时间得了特发性脊柱侧弯，因为不敢出门导致错过了最佳治疗时间。

浑浑噩噩到了高考，阿琳说她当时是"硬着头皮、紧着屁股上考场"，但考场上还是时不时就传出屁声，大家都在偷笑。

函数太难了，"噗——"；听力太难了，"噗——"；阅读理解太难了，"噗——"。心情烦乱，高考理所当然地失利了。

高中生活告一段落，阿琳喘了一大口气。我问她："后来你还会那么紧张吗？"她笑了笑说："虽然病没有完全好，但阿P确实帮我除去了心魔。"

阿P是她的陪伴者，一个幽默风趣的阳光大男孩。阿琳说她印象最深的一句话就是阿P对她说的"梦露也会掏耳屎，赫本也要挖鼻孔，女神总是要放屁的，生命中总有一些人，是为了听你的屁声来到你面前，比如我"。

"我很感谢他，是他重塑了我的自信，让我敢作为一个'正常人'生活下去。"

阿琳说起和阿P互相陪伴的那段时间，眼角眉梢都是笑意，"和他相处的生活，很舒畅，不用担心被嘲笑，心情顺了，肠胃也顺了，肠胃一顺，连屁都很少放了"。

"我觉得陪伴者像我的双胞胎，异父异母的亲兄妹"

我和很多参与过陪伴者计划的病友聊过，他们有的说自己的陪伴者像父亲一样包容，有的说像伴侣一样体贴，但Liz的形容我却是头一次听说："我觉得陪伴者和我像双胞胎，异父异母的亲兄妹。"

Liz说自从患上抑郁症之后，她就不敢照镜子了。我问她为什么，她说："我不愿意相信镜子里的人是自己，我觉得我很差，不愿意看到自己。"

Liz说："每次和别人说我不敢照镜子，都没有人相信，他们觉得简直是天方夜谭，怎么可能有人不照镜子呢，觉得我就是哗众取宠，装模作样。除了大俊，只有他信我。"

Liz的陪伴者大俊，也就是她口中的"双胞胎"，第一眼看上去，两人还真的都很英气，五官清秀，双眼明亮。但两人在参与陪伴者计划之前，确实是素不相识的陌生人。

双胞胎的想法，是Liz在一次聊天中感受到的。那一天的陪伴任务是"讲述一个自己的故事"，Liz小心翼翼地说了自己不敢照镜子的事，大俊没有任何怀疑："我信。"

Liz就是在那一刻，"觉得像有一个双胞胎的感觉"，自己的想法他都能理解，怪异的行为也不会被用异样的目光审视。用Liz的话说就是："以前是因为我没法完全信任别人，安全感不够，但我会主动跟身边人保持一定距离，现在我知道，原来我也可以拥有信任一个人的能力。"

大俊给Liz的生命里带来了一面镜子，也带来了面对疾病的勇气。我们都相信，Liz重新收获自信以后，再抬头看镜子里的自己，会发现原来自己是那么可爱动人。

"我给母亲打电话的时候哭了，虽然她已经过世3年了"

小R是陪伴者计划的成员里，我印象最深的女孩之一。坚强的时候，她可以隐藏起几乎所有我能想象到的悲惨遭遇；脆弱的时候，她也会半夜时分对着根本不会接通的电话哭一整晚。

小R的妈妈，一位大学老师，也是她的偶像，用小R的话说是"一个很厉害的女强人"。自从3年前查出肺癌，小R的妈妈就一直凭借一己之力和病魔做斗争。小R的爸爸面对这样巨大的变故，已经慌了神，不知道该怎么办，连治疗方案都是小R的妈妈自己在做。

每次谈起她妈妈的时候，小R总是带着崇敬的眼神："她喜欢跟人聊天，帮别人排忧解难，即使生病了也还是这样。我一直希望能像她一样，用自己的力量帮助别人，但是身边的人都觉得我本身就是病人，连自己都照顾不好，又哪里有能力帮助他们呢？"

"每次我想尽我所能帮助别人的时候，他们都是嗤之以鼻，不搭理我，只有C哥不一样，他信我，愿意让我帮他。有一天的任务是扮演对方讨厌的人，C哥真的就毫不避讳和隐瞒地告诉了我他童年的悲惨经历，让我给他一些安慰。他还很有礼貌地感谢我，其实我更感谢他，感谢他愿意给我机会让我能帮助他。他让我觉得我是有用的，那种被信任的感觉真的太美好了。"

当天晚上，小R给妈妈打微信电话——妈妈去世后，小R一直留着她的微信，每当难过的时候都会打微信电话给她，听着不会接通的忙音哭。

但那天小R没有哭，她对着电话说："妈妈，我终于能像你一样被人需要了。"

抑郁树洞：
那些曾在黑暗中照亮过你的人
LONELY

　　"抑郁研究所"树洞有一期主题是"黑暗中照亮你的人"，征集到了许多病友的暖心故事，这些故事让我们相信：在这个世界上，总有一些人和事，给你温暖，伴你前行。

@沉寂

我上高中的时候，因为来自父母的压力得了抑郁症，不想上学。那时候觉得整个世界没有人真正关心我，大家都忽视我。

后来我过生日，我以为还是会像以前一样一个人，但放学后班长拉着我去另一间空教室，黑板上已经写满对我的祝福和鼓励。当时我就哭了，我真的没想到，他们会记得我的生日。那张黑板上的话，成了后来我努力活下去很重要的支撑。

谢谢我亲爱的同学们，是你们照亮了我。

图3　写满祝福和鼓励的黑板

220

@汪峰

照亮我的人，是偶遇的一个心理医生姐姐。那一天，我是去办住院，刚好主任不在，姐姐接待了我。我状态很糟糕，很烦躁，姐姐就一直安慰我，一点都不嫌我烦。

一周一次的心理会诊持续了半年，我的症状也改善了很多。后来我想，我能坚持下来一直去复查，很大程度上都是因为她。

每次想起这位姐姐，我就告诉自己：再难也要继续，不然对不起她。

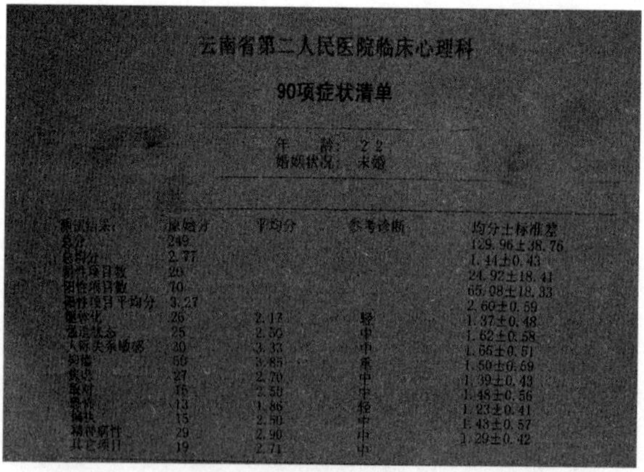

图4　症状清单

@ 匿名病友

我老公有一份家属日历，自从我得了抑郁症之后，他就用这个日历记录我的生活、心情、状态、愿望等等。我说的每一句话他都记得，其实记不记录不重要，那种被在乎的感觉是花多少钱也买不到的。

我记得年初的时候，是我病情最严重的时候，整个一月份，我都在和抑郁症带来的巨大痛苦做斗争，非常感谢我的老公替我记录下每一刻。但那段时间的我真的是喜怒无常，鬼知道他经历了什么……

@wyr超可爱

最黑暗的时候，是刚确诊抑郁症的那段时间。因为那时候大概也是病情最严重的时候，每天浑浑噩噩地过日子，同时怕被别人发现我有病而歧视我。成绩下滑，社交恐惧，每天都在想怎么离开这个世界……

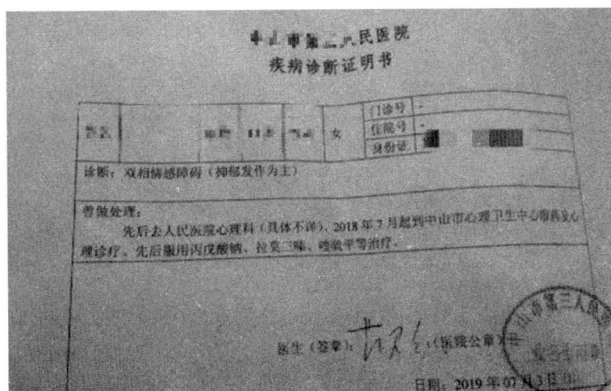

图5 诊断证明书

后来有一天，机缘巧合，我得病的事情被我的语文老师知道了，她没有像其他人那样对我冷眼相待，而是用她的柔情和爱来理解、体谅我。她没有像别人那样强求我乐观，而是允许了我的低落。

她也没有放弃我，她发现了我的优点，她为当初卑微到尘埃里的我打开了一条路，一条找到自尊自信的路。她让我发现原来当众讲话也不是那么可怕，虽然我还是会怕；她让我发现原来我也能写出还不错的文章，虽然我仍然不够优秀……

还有就是我的主治医生，他是一个温柔的人，每次复查的时候，他都笑着抬头说："姑娘，来啦，坐吧，最近怎么样？"虽然是例行公事，但对我来说却是温情似水，是在其他时间很少能得到的温柔对待。他也是唯一一个从来不催我快好起来，可以接受我病情反复的人。我还记得他每次最后的那句"加油"，那句"两周后再见"，那都是支撑我前进下去的动力。

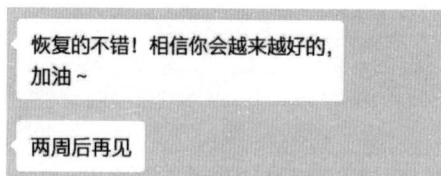

图6 微信聊天截图

在那之后的很长一段时间，我的语文老师仍常常会问我最近如何，而我也在药物的帮助与他们的关心下逐渐变好。我现在终于开始相信，未来可期。

@ fifi

重度抑郁的我和男朋友之间的一些对话：

我说我不喜欢生活，他说没关系，我喜欢他就好了，他替我喜欢生活，然后让生活善待我。

我说我丧失了享受生活的能力，他说没关系，他把快乐的事做两遍，一遍给他，一遍给我。

我在抑郁的第三年才遇到他，所以希望抑郁的你不要绝望，你也会等到那个把你拉出黑夜的人。哪怕没等到也没关系，你的痛苦，有很多人感同身受，我们正在一起经历着这些痛苦。

我们曾无数次
与死神擦身

LONELY

　　叔本华说："人生在世，具有把握自己生命与肉体的权利，这是无可非议的事情。"

　　面对告别、离去、死亡，每个人都有自己的看法。可我知道，我能做的最大程度的理解，就是放纵你去寻求你的解脱。可是当你纵身一跃时，我还是忍不住去拉你的手。

　　尽管沉重，我依然想把这些在"抑郁研究所"里真实发生过的和自杀相关的故事告诉你。

"对不起，我自杀时烧坏了您的地板"

上海群里有一个病友曾经在群里抱怨，他自己还没想死呢，他的租客竟然在他的房子里烧炭自杀。

说完发来两张照片，是木地板上两块黑黢黢的煤炭印。

大家关切地问后续如何，人有没有事。

病友说这个租客因为抑郁症休学，一个人来上海毕业旅行，在短租平台找到了他的房子。

这是他第一次见到这样千里迢迢来旅行，却两手空空的人。

幸运的是，因为经验不足、准备不充分，租客的自杀行动失败了，退房前还很有礼貌地留下了赔偿字条。

病友说他看完字条的瞬间，房子被破坏的愤怒被无奈代替了。

最后那句"不过要尽快哦，因为我也不知道我还有多久时间"，真的太残忍了。

抑郁症每一次吞噬人的时候，坚强的人也许能从深渊中逃离出来，但你永远不知道，下一次被绝望裹挟的时候，还能不能再幸运地挺过去。

"活着的时候太孤独，黄泉路上能有个伴吗？"

约死群是病友圈里的一个秘密聚集地，这里汇集了绝望寻死的病友、骗财骗色的人渣、倒卖药物的小贩和卧底救人的志愿者。

在这里只有你想不到的，没有你遇不上的。想自杀怕买不到违禁药物？在群里说一声，立刻就会有至少5个人私聊你。

有一位患抑郁症的小姑娘就是在药贩子手里买的药，还在群里和另一个患者约定一起吃药自杀——在各自的家里。但就在她吃下第60片的时候，她收到消息："我手边没水了，我妈喊我去KTV唱歌——先撤了！"

阿凯说他痛恨约死群里的药贩子，觉得从他们手里买药，死得都怪憋屈，所以他选择跳河。于是，他在一个约死群里说要去跳黄河，遗书都写好了。有个人看到后立刻私聊他要一起去，但没钱买车票，想借200元，阿凯没多想就给他转了。约定跳河的当天，阿凯左等右等不见人来，就给他发微信："兄弟，你到哪儿了？"8分钟后，那哥们儿回复："我堵车过不去了，要不你先跳吧。"

阿凯愣了一下，他说那一瞬间黄河就在眼前，但他连跳下去的冲动都没有了。那个连200元也要骗的人，耗尽了阿凯对这个世界最后的信任。

本来想快死的时候终于可以不用再独自一人，可没想到最后还是孑然一身。

阿凯站在滚滚黄河前，问自己：要是现在跳下去，这世界上到底是多了一个自杀的人，还是少了一个自杀的人？

"别救了，让我儿去寻死吧"

2020年5月上旬，小江实施了自己的第8次自杀，当然也一样失败了。

他前两次自杀的时候，研究所还参与过救助行动。

小江今年21岁，刚上大学就开始借网贷。市面上每家提供贷款服务的平台他都注册过，大学还没毕业，欠款加起来就有40多万。

因为还不上，他抑郁了。第一次自杀，小江吃了半瓶安眠药，被及时送到医院洗胃救了过来。在手术台上醒来后，他说的第一句话就是"救我干吗？我死了那些钱就不用还了"。

反复的自杀让小江的家人非常困扰，他自己也说过自杀后会感到懊恼、自责。但只要是听说哪个网贷平台要倒闭的消息，他就无比兴奋，带着"赚他一笔"的投机心态继续借网贷。钱到手第一步就去酒吧撩妹、买奢侈品，娴熟的搭讪技巧让他看起来不像一个要自杀的人。他只是对生活失去了热情，但对好看的姑娘没有。

为了帮小江的家庭尽快还清网贷，救援群的志愿者给他介绍了一份数据标注的工作，谁料到上班的第一天，就把安排工作的教授气得心脏病发作——小江不仅迟到了半天时间，还在刚标注不到十分之一的时候，就扔下一句"做数据标注还得我动手一个一个标，哪儿有网贷来钱快"甩手走人了。

小江的父亲临终前留下遗言："这孩子别救了，人品不行，活着只会为社会添麻烦。"说完就闭眼了。

在第9次"自杀"之后，小江在群里说："我不知道该怎么活着。"

有知道内情的群友看不过，直接回复："那死了不就好了？"

"但我也不知道为什么要去死。"

希望在第10次计划自杀前，小江能把遗留的数据一一标注完。

"为了280块奶粉钱，35岁的表弟跳楼了"

"那天早上我姑妈照常出去散步，警察提醒她前面有人跳楼，在处理现场，让她绕道走。下午就接到通知跳楼的是她儿子……"

老李在一个五线小城市跑出租，他表弟也是。

不同的是，表弟三四年前患上了抑郁症，由于没有好的治疗条件，一直拖着，开始出现精神分裂的症状——臆想妻子背叛了他。孩子刚满月，妻子就强行和他离了婚，两人平摊孩子的抚养费。

老李说自己不了解这个东西，在小城市里大家对精神病又格外忌讳，表弟每天的生活就是出车、跑车、收车。唯一与人的交流，发生在交接车时和车友一起抽烟的半小时。

于是他找到"抑郁研究所"，希望能让表弟进群，或许有病友的陪伴表弟能好起来。没承想还没来得及进群，人就离开了。

"他走的前一晚，给我打了个电话，听起来有点闷闷的。问了好久才说是前妻联系了他，希望他能尽快把这个月280块的奶粉钱打过去。第二天早上醒来收到了他的短信，说最近天气变凉了，大家加件衣服。还嘱咐姑妈好好照顾孩子。我们都以为是平常的出车前打招呼，没想到是这样。

"我们都知道他有抑郁症，家里也一直比较让着他。虽然他这么大个人了什么都没有，我们也不期望什么。只要好好活着就行了，活着就行。"

在"抑郁研究所"，我们曾无数次与死亡擦身。

上周还在病友群里分享治疗经验的病友，可能在简短的午休时刻，可能在你放下手机的10分钟，就突然离开了。

曾有一位抑郁症患者这样描述她抑郁严重的2018年：

"2018年的新年，我是在医院中度过的。受够无聊与抑郁的生活后，又读了一些模糊又晦涩的哲学书籍，我自杀了。

"母亲发现得很及时，蜷缩在被子里只穿了内衣的我，就这样被拖下床，送去了医院。稍微有点意识过后，我吐了，被呕吐物的酸臭味淹没。

"是母亲的陪伴让我慢慢缓过来。我会怀着一颗颤抖的心，绝望的心，去热爱我曾拥有过的生活。我也将一路走下去。"

"抑郁研究所"做过一次讨论：假如今早你收到一位抑郁症亲

友自杀的死讯，时间倒流到昨天晚上，你会和他说什么？

　　"在哪儿？出来啊，请你吃饭。"

　　"别怕，我陪你。"

　　"活下去没有那么难，只需要今晚乖乖睡一觉。"

　　"宝贝，我知道，你已经很坚强了，你已经支撑很久了。好好的，妈妈很感谢你这样坚强，妈妈会报答你这样坚强的。没有你，我会过不去的，再为妈妈努力一次好吗？妈妈一直和你在一起。"

　　"我知道你此刻一定很痛苦，否则你不会选择用自杀的方式来解决问题。也许你觉得生与死都是你自己的决定，别人无权干涉，但是我还是希望你活着，因为我在乎你的死活，如果你想，请一定来找我，我在的。"

　　"我们说过，初雪的时候要一起喝一杯冰的美式咖啡。明天咱带着一起领养的小狗去看雪，哪儿有雪我们就去哪儿。"

　　"跟你一起玩的时候真的超开心，那么多朋友就数和你最默契，好期待有机会能再和你一起快乐。"

　　我们永远不知道，在哪一个瞬间，就会同最亲密的人天人永隔。

　　如果爱他，就关心他。请不要收敛你的爱，尽情表达。

得了抑郁症后，
我选择了退学

LONELY

　　我其实因为退学这事，纠结了3年，从大三开始一直到研二。状态好一点，就忍着，琢磨着不退了；状态不好，人就崩溃。

退还是不退？

我叫海盗，34岁，国内某所大学本硕连读，大三患抑郁症，研二退学，后工作至今。做过留学顾问，待过上市公司，做了10年互联网运营，最后做到公司运营总监。现在辞职教书，是一名中学数学老师，以让孩子们不再怕数学为己任。能养活自己，日子过得还行。

我的人生有两次比较大的转折：一次是10年前研二退学；一次是1年前转行做了一名数学老师。我主要想谈两个问题：一个是你到底要不要退学或者休学？一个是退了，你该怎么办？

首先，要不要退？我其实因为退学这事，纠结了3年，从大三开始一直到研二。状态好一点，就忍着，琢磨着不退了；状态不好，人就崩溃。学校里还没人可以倾诉，就干脆一个人躲着。其实，中间选择保研的时候，我完全可以直接放弃，不再上学。但那个时候，普遍认为我的专业本科出来特别不好找工作，而且从我本科同学的选择来说，全班90人，全系150多人，没有一个本科毕业直接工作。

于是我自然而然地接受了保研，开始了压抑的研究生科研生涯。最后退学已经不是我想退或者不想退的问题，而是总会有一股力量逼着我做出退学这个决定。

不要逼迫自己坚持

我的导师很好，我自己做得也还好，但是，事情发展到那一步，我就知道我已经根本做不下去了。再做下去只有两个选择，要么自杀，要么去杀人。对那个学校，对那个科研环境，我已经痛恨得无以复加。忍无可忍的时候，我就退了。

导师和爸妈都不会同意我退学。导师甚至说我好好混一混，混到博士毕业给我一个博士学位证也无妨。但是我已经待不下去了，尤其是我已经把退学这件事摆在明面上说了出来，我就更坚持不下去了。爸妈这边，他们觉得我的状态不太对，可能遇到了一些问题。但他们跟我不在一个城市，也干涉不了太多。导师那里，包括学校那边，我最后都是处理得比较强硬，就是我跟他们表明我的态度，但是他们不接受，不接受我就自己不再去学校，然后准备工作。相当于逼着他们把我从学校开除，虽然现在想想，这个举动并不是很明智，但是那个状态下的我已经没别的办法。

我大概是在2008年11月正式提出退学，之后在相当长的一段时间，大概有小一年吧，我都没有办法从学校拿到我的户口和档案。那段时间我几乎就像是一个黑户，只有有本科的毕业证和学位证，其他的证件都在学校拿不出来。

即便要面对这样的后果，我最后还是退了。那么退学后我经历了什么呢？首先退学对我抑郁症的影响非常大，而且是好的影响。我的抑郁，瞬间因为退学带来的特别大的环境转变而好了很多。虽然还是会情绪低落，但是因为脱离了那个让我抑郁的环境，我开始对一切重新抱有希望。

退学之后的人生

退学以后要承受的也很多，第一就是来自父母这边的压力。

因为我的父母跟我不在同一个城市，我只要不把已经退学的事情跟他们的朋友说，他们就不会知道。但我只能自己生活在另一个城市，我不能回家，否则他们就会问：为什么还没放假你就回来了？

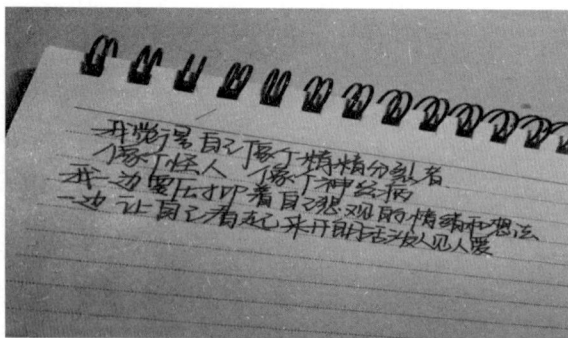

图7　日记

如今我退学已经10年，我的父母仍然没有接受这件事。因此，我跟他们之间的关系一直比较糟糕，很多时候都不说话，也没有什么沟通。他们退休了也拒绝来我的城市，尽管我已经买好房子，等着他们过来。

第二就是找工作，养活自己的压力。

因为我的专业是化学，然后我选择退学，就说明我没有办法在科研这条路上继续走下去，我肯定要换一个行业。这对当时的我来说其实是很让人兴奋的，因为我太不喜欢科研了。我当时很喜欢房地产，然后我就尝试给很多房产公司投了简历。但对他们来说，我不是应届毕业生，而且来路不明，毕业以后有将近两年的时间没有任何工作经历。虽然毕业自很好的学校，但是专业又不对口。所以，没有一家公司愿意接纳我。甚至，我面试的时候还遭遇过很多嘲讽。

那时候，我一度窘迫到没有钱吃饭的地步。冬天有的时候，我就花几块钱买一个烤红薯，而那就是一天的粮食。

后来，在投了两个月简历仍然没有得到工作的情况下，我就决定不管行业，先找到一个可以养活自己的工作再说。于是，我就去做了留学顾问，事实上是留学中介。这份工作是怎么找到的呢？是通过报纸上的一个招聘广告，对，那个时候我还每天看报纸。

尽管工资很低，只有1000多块钱，但是我感觉我终于可以活下去了。然后进去一两个月的时候，工资就开始不断往上调，我也开始有一些成就感，彻底摆脱退学后的窘境，也算是苦尽甘来。

10年后，我又转行了。因为我希望找到最适合自己的那个工作或者行业，我觉得只有这样我才能顺利地坚持下去。因为退学，我相当于选择了一条跟自己最早的职业规划完全不同的路，显然我有可能走对，也有可能走错，但我希望可以不断探索自己真正热爱和喜欢的那一项事业。

还能重新开始拥抱热爱

为了找到自己真正可以走一辈子的路，我学了很多心理学的东西，想弄清楚自己适合什么。最后兜兜转转，回到初心，我做了一名数学老师。

我现在很好，数学教得也很好。学生很喜欢我，家长也很信任我，他们知道我有抑郁症，还会很关心地询问我的情况。而且不会主动打电话，因为他们知道我抗拒电话。

真正爱你的人不会打你，
会紧紧抱住你

LONELY

　　这个世界上最极端的暴力是战争，而家暴紧随其后。

238

爸爸在我的身体里插进过什么？

艺术家阿尔玛·莉莉·赖纳（Alma Lily Rainer）在布拉格艺术墙画廊举行过一场展览。她在展览中向公众展出了在童年时期父亲性虐她时所用的一系列物品。

"我找到父亲曾经用来虐待我的东西，然后将它们做成瓷模型。通过重新塑造这些物体的形象，我把它们变成了自己的。于是，我把我父亲用来伤害我的武器，变成了我用来检视家暴这个社会话题的武器。"

展览中的物品都是家里常见的东西，一块肥皂、一个打火机、一个剃须刀。这些都是和家、童年有关的东西。艺术墙暴露在公共场所下，从电车上面就可以看到这个展览，阿尔玛的目的就是让公众能够公开讨论社会中的家暴文化与性暴力，并告诉我们，这些无时无刻不在发生。

对于这种勇敢的形式，曾有记者问阿尔玛："你认为对遭受过性暴力的女性来说，公开谈论她们所遭遇的事情能够帮助她们吗？"

阿尔玛说道："如果我们想要反对家暴文化和性暴力，就必须开始谈论它，并意识到它对我们每个人的影响。这不是个人问题，也不是女性的问题，而是整个社会的问题。"

"爸爸，我起不来了"

海南万宁，一名男子急匆匆地抱着一个奄奄一息的女童，冲进市人民医院。女孩瘦弱的身体，从头到脚布满了淤伤，呼吸微弱，小小的脑袋重重地垂下来，双眼紧闭。尽管医生第一时间就展开了急救，6岁的女孩还是伤重不治，被宣告死亡。

而她，是被生父用皮带、扫把、衣架，一下一下活活抽死。出事的那天，父亲蒋某独自陪着女儿在出租屋里写作业，不停责骂女儿。

女儿忍不住，顶了几句嘴，蒋某一怒而起，抓起手边的各种工具，将女儿踹翻在地，狠狠抽打了一个半小时。直到累了才停手，对躺在地上的女儿不屑地说："别装了，快起来。"

这时，小小的孩子用尽她全身的力气，说了最后一句话："爸爸，我起不来了。"

6岁的女孩，柔软脆弱得像一朵小花，她没有受到悉心温暖的呵护，反而遭受了这样一段犹如极刑的鞭打。她对人世间最后的记忆，是爸爸不断挥起的冰冷又火辣辣的皮带。

生活穷困、抢劫前科、妻子离开，这些不顺心让他丧失理智般地把女儿当成了发泄情绪的牺牲品。在殴打的过程中，他认为女儿还处在"不知道错了"的状态中，持续殴打一个半小时。

他将生活中所有的不顺都归结于别人，将所有的情绪都发泄在孩子身上。当他举起皮带，面对毫无还手之力的孩子时，真的觉得自己是个高高在上的人了吗？

"妈，我杀了他，我们以后自由了"

我国台湾地区曾发生过一起轰动全国的深夜杀夫案。22岁的小如，因无法忍受老公的长期凌虐，趁他熟睡时，持刀将他杀死。杀人后自首的她无比轻松："妈，我把他杀死了，我们以后都自由了，你们以后都不用怕了。"

这起案件直接促进了《家庭暴力防治法》颁布，使得台湾成了亚洲第一个有家暴法的地区。

婚后的6年里，小如无时无刻不在被恐吓殴打中度日。丈夫不仅对她凌虐，也对两个孩子加以虐待。

小如亲眼看见丈夫把两个亲生子女丢进洗衣机，小孩的眼睛都是血，头整个肿得大了一圈。

"我还受他的威胁，不许我和他离婚，否则要杀死我全家人，然后说以后没有人要我了，我就会怕，怕以后人家都看不起，都瞧不起我啊。"

这起杀夫案发生后，有许多妇女团体和律师们争相奔走，认为像小如这样需要帮助的妇女还有很多，而且她们面临的境况完全一致——根本不知道该向谁求助。

"如果当时有法律可以制裁他的话，我不会去杀人，我也从来没有想过要杀人。"小如说出了像她这样孤立无援的女性的心酸，她只能靠杀人去解救自己和家人。她的父母、姐妹、儿子，原本全都活在丈夫家暴的阴影之下，在她拿起铁锤和刀子的那一刻，她只想当个保护爸妈的好女儿，保护儿子的好妈妈。

那些年，我用玩笑掩盖家暴真相

在家暴下长大的我，听闻爸妈要来我生活的城市看我时，做了一整晚他们互相施暴的噩梦。梦里，我回到了第一次近距离看他们互相殴打辱骂鲜血四溅的时候，那时我只能待在狭小的汽车内号啕大哭。每次做完这样的梦，我醒来背后就全是汗水。

原以为抑郁症好了之后，我已经对来自他们的伤害免疫。没承想这层烙印形成的痂层剥脱后，竟唤回了更幼时的记忆。从那之后，我便失去了乞求"别打了"的话语能力。

成年后，常有人说"一切都是最好的安排""你要感谢父母当初逼你"。伤害本身的负面影响不可消弭，但只有我们耗尽力气把伤害消化，才能催生出价值。多少小朋友夭亡在这条路上，所以这不是价值，是我们这一代破碎灵魂的遗产。

永远忘不了初中的一个晚上，我正在房间里背历史书，我爸突然撞开我的房门，带着一身酒气，不由分说地开始扇我耳光——他像是在用全身的每一块肌肉发力，强壮的手臂像一根绞肉机上的铁条，一下一下地掌掴我。

父亲打累了，母亲不管我，没人帮我打120。

鼻子里淌出来的鲜血，一直流了4个小时，我想去抽出卫生纸堵住鼻孔，发现拿纸的手已经开始泛白，还以为要失血过多死掉了，可我居然还没死。原来人可以流这么多血啊！

十平方米左右的房间里，地上铺满了被鲜红的血浆浸透的卫生纸。

第二天睁开眼，我发现自己活过来了。被血溅到的历史书已经模糊不清，我怕被同学看到，怕被嘲笑挨打，但我只有这一本历史书，所以只能硬着头皮装进书包。

同桌看到了问我："这是什么？"

我低头小声回答："是我的鼻血。"

她以为我在开玩笑："怎么可能！"

我愣了一下，用开玩笑的语气回应她："哦，其实是我杀了一只鸡。"

同桌也笑了，大家都相信了这一被掩盖的真相。我云淡风轻地把这段经历搪塞了过去，只有卧室里铺满的鲜红色卫生纸，像一片罂粟花田，给我种下了一生都好不了的毒。

家暴不是毁了我的童年，而是毁了我的一生

家暴烙印在身体里的记忆，已经让我对"接触"产生了生理性的恐惧：大学和喜欢的男孩子一起泡图书馆，每当他宠溺地捏我的脸蛋，我都会下意识地后背发凉，大脑突然短路，动弹不得。因为这太像曾经的那个场景了。

他不知道的是，我的身体因为家暴留下的肌肉记忆这么多年都不曾消失。我的身体已经把这种爱抚解读为一种威胁，以至于我在一段新的关系中也保持了这样的思维惯性。在长久的家暴驯化中，那只手已经让我产生终身的阴影，挥之不去。每次有人贸然触碰我的头部和脸部，我都仿佛一下子被扼住喉咙，不敢呼吸，无法动弹。我明白，我将永远错过自己喜欢的男孩子的亲昵和爱抚。

小学一年级，我因为被拧得满胳膊淤青淤紫，被迫在盛夏时节穿长袖衬衫遮盖。直接抽耳光会留掌印，但用再大的力拧脸蛋也不过红肿几日。

现在领悟到这些虐待手段的奥妙，更叫人直冒冷汗。

成年人的聪明，足够遮掩一切不堪。小朋友的脸皮有几分薄我不记得，只是肌肉的战栗反射永远被刻在神经记忆里。

世代相传的家暴给子孙留下的终身阴影与抑郁基因，那些建立在亲人间不信任、嘲讽、侮辱基础上的暴力行为，摧毁了遭家暴者的一生。他们自罪自责，时刻感到恐惧，"一旦我做错了事情，我就会遭受最严酷的惩罚"，这为他们日后的人际交往埋下了抑郁的祸根。

践踏人格的故事也不会因为一次家暴而结束，那些家暴的受害者如果没有得到有效的疏解，也极有可能成为施暴者的角色。他们承担的苦痛不会就此消弭，成年后家暴阴影依然会笼罩在他们头上，只不过，被施暴者的角色可能已经转变。

暴力不是用来被原谅的，而是应该被反抗

"家暴只有零次和无数次。"为什么一个外表内敛恭顺的人，可以在组建家庭后瞬间拥有作恶空间？为什么大街上打伤人会被拘留，但父亲打伤女儿，就变成家务事？为什么血缘关系会成为犯罪的保护伞，伦理道德会成为最狡诈的作案工具？为什么受害者即使报警，能得到的保护以及施暴者会受到的谴责和约束都是极其有限的？

自古以来"法不入家门"的思想根深蒂固，这是不良家庭关系中受害者容易变得抑郁的一大根源。这最常见、最隐蔽的暴力关系，藏匿在千家万户里，让没有抵御能力的受害者默默承受着残忍的刑罚。

有一些旁观者有这样的不当言论："等有一天真的原谅他们，你就真的释怀了。"

这无疑是把家暴的伤害视作一片创可贴就足以覆盖的伤口，刀没砍在自己身上，永远不知道有多疼。

康复的真正前提是能够接纳自己，接纳自己曾经被伤害，接纳自己当下的状态，而不是接纳暴力、接纳施加暴力的人。

有暴力倾向的人，往往很多行为都存在明显的问题，他们有极强的控制欲、报复心，善妒，过度依赖他人，甚至具有反社会人格和边缘型人格障碍。

面对有施暴倾向的人，要清楚他们的暴力行为很难在短时间内被矫正。他们甚至一生都摆脱不了这个问题，有一次家暴，后面还可能会有一万次家暴。懂得反抗与求助，不要为他们的暴力献祭。

真正爱你的人不会打你，而是会紧紧地抱住你。

不是只有成年人会抑郁，孩子也会 LONELY

当孩子声称要"自杀"的时候，一定不要轻视，觉得小孩子只会撒娇耍赖吓唬人，酿成苦果的时候再后悔一切为时已晚。

我们收集了260份父母面对孩子抑郁时的干预经验，调查了17位病友的不良家庭关系，结合了59个抑郁树洞故事，总结出这份《孩子陷入抑郁，我该怎么办？》的家长行为指南。

我们在病友群里做了一次调查征集：孩子确诊抑郁症前后，都有过哪些症状？

心境低落、失眠或嗜睡、记忆力下降几乎成了所有人的必选项，有自杀企图和行为的选项也占到4成，成为很多家长必须面对但又不知道如何面对的问题。

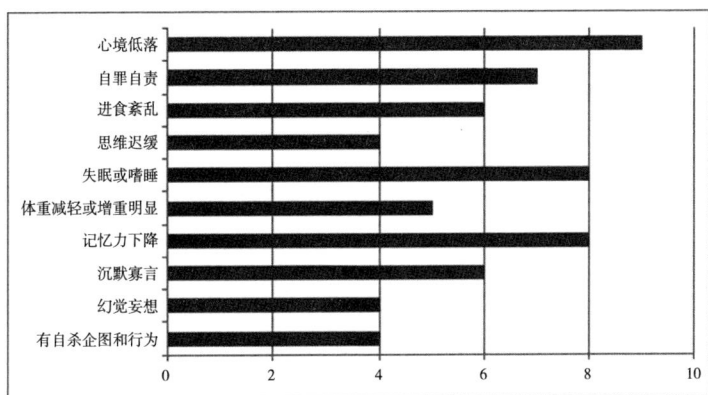

图8　抑郁症状调查结果

自杀，像一道鸿沟，拦在了健康的亲子关系面前。

病友群一位家长曾经找到所长，说孩子尝试自杀的问题已经让她心力耗竭：

> 所长您好，我女儿总是说自己晚上压力大得睡不着，那天我觉得很烦就吼了她一句"你一个小屁孩有什么压力啊"，她就哭着跑去爷爷家了，第二天都没去上学。老师把电话都打到家里来了，我气不过就打了她一巴掌，从那天后她再也没跟我说过话。我拿她的手机检查，发现百度的搜索记录里，都是"自杀最快的方法""在哪儿能买到安眠药""从几楼跳下去才一定会死""削皮刀能砍断血管吗"，一共搜了28次。我一个大人都不知道有那么多自杀方法，她真的会自杀吗？还是只是用自杀威胁我？

这位家长的问题不是个例，她代表了无数家长在面对孩子抑郁自杀问题时的迷茫无措。

青少年正处于生理和心理发生巨大变化的阶段,患抑郁障碍的危险因素很多。

根据首都医科大学医学心理学教研室发表的《儿童抑郁症的临床症状及心理干预》，中国儿童青少年学生中大约有37%伴有不同程度的心理问题，儿童青少年抑郁症发病率近年趋升，10—12岁儿童抑郁障碍的患病率为3.1%，而抑郁障碍也是自杀的主要因素。国内研究人员曾对1393名11—18岁儿童青少年进行调查，发现自杀观念发生率为23.5%，自杀未遂发生率为2.6%，其中33.3%为多次自杀未遂。可见，儿童青少年抑郁障碍患病率和自杀危险性之高。

这组触目惊心的数字，不是危言耸听，而是在告诉我们一个事实：作为孩子成长过程中最重要的陪伴者，父母正在不经意间放任乃至促使抑郁症找上自己的孩子，进而杀死自己的孩子。

很多家长以为，抑郁症只是成年人的痛苦，离孩子很远，觉得"那么小的孩子，衣食无忧，有什么可痛苦的"，然而恰恰是这种"大人思维偏见"，让无数孩子彻底丧失在家庭关系中与长辈同等、有效沟通的机会。

请各位家长仔细看一下孩子们的真实感受，站在他们的视角去感受那份绝望，孩子真的没有和你开玩笑：

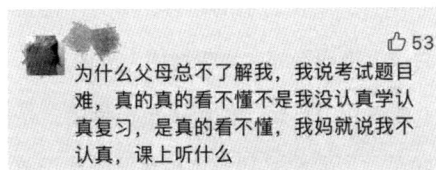

👍53

为什么父母总不了解我，我说考试题目难，真的真的看不懂不是我没认真学认真复习，是真的看不懂，我妈就说我不认真，课上听什么

图9　孩子的感受

孩子有自杀企图/行为，该怎么办？

当孩子声称要"自杀"的时候，一定不要轻视，觉得小孩子只会撒娇耍赖吓唬人，酿成苦果的时候再后悔一切为时已晚。

作为家长，应该遵循科学有效的方法对孩子进行干预和帮助。

1.比孩子先冷静下来。不管是什么原因，孩子将"自杀"说出口，一定是情绪十分激动的时候，此时绝对不要和孩子生气，说一些"有本事你去啊"之类的话，否则孩子一时冲动做了傻事，只能追悔莫及。因此，如果你想孩子活着的话，务必要比孩子先冷静下来。

2.抛弃所谓的"大人思维"。孩子稍微冷静了之后，身为父母，要耐心地和孩子一起分析原因，看看是不是孩子真的碰到什么想不开的事情，或者是什么事情触碰到孩子的某些底线。不要用"大人思维"想当然地觉得：小孩就是用自杀威胁父母达成某种目的。

3.懂得倾听孩子的话。当孩子想跟你讲话时，无论是什么话题，都必须耐心倾听，给出合适的建议，千万不能敷衍。一旦孩子的倾诉愿望因为被拒绝而退缩，再想挽回十分困难。

4.别给孩子太大压力。孩子的很多负面情绪，是源自日常生活中家长埋下的隐患，不要总是把自己的意愿强加于孩子。"爸爸妈妈一切都是为了你好"这种话不要放在嘴边，只会让孩子承受过多压力，百害而无一益。

5.改变教育方法。孩子发展到要自杀的地步，绝非孩子一个人的错误，父母应该意识到自己的问题与过失，切忌因为放不下"大人的面子"而不能平等、友好地和孩子交谈。没有谁是天生完美的父母，正确的方法是和孩子一起学习成长。

6.了解孩子的生活细节。通过多种途径，去了解孩子的生活细节，如走访学校，观察孩子是否正在遭受校园暴力，是不是对新环境和教育压力感到不适应，或者受到老师、同学的歧视。

7.必要时求助专业机构。相比成年人，孩子没有足够的自我调节能力，父母一定要及时疏导，让孩子感受到温暖，必要时寻求心理医生的帮助，带孩子去三甲医院心理科或者是精神病医院就医。

小孩知道自杀的后果吗？

在"抑郁研究所"的病友群内，曾有一名湖北地区的9岁男孩因重度昏迷被送医抢救，最终因多器官衰竭而死。男孩在昏迷期间醒过一次，只说了一句话："我太累了。"

很多人都不理解，包括他的父母，为什么一个9岁的孩子会累到这种地步？原来，为了所谓的"赢在起跑线"，男孩的妈妈要求他除了上学，每天还要参加4种兴趣辅导班，连周末时间也排满了。

男孩不止一次抱怨过"不想学"，但父母的回应永远没变过："成功就是要坚持""不多学个特长怎么比得过同学？""你想成为废人吗？"……

医生说，男孩死亡的主要原因就是他已经丝毫没有求生的欲望，生前极可能有中重度抑郁障碍。

父母的忽视与无知，杀死了他。

一位抑郁症患者结束生命前说过："世界很好，是我不够好。"这个9岁的小男孩也是这样，一边咬牙坚持，成为父母眼中的好孩子，一边在重压中自我崩溃、抑郁、解体。

他已经无数次发出过求救信号，但一次又一次地被家长掐灭。家长没想到的是，孩子的生机也一同被掐灭了。

所以当他的怒气和痛苦发泄不出来，又不能去攻击别人，只好攻击自己。他说的"我好累""我想死"，就是在释放一个信息：我已经承受不住，只好自己解决。

那一刻，在他的眼里，那不是自杀，只是逃离痛苦的最快法门。

当孩子出现这些情况时，要警惕自杀事件的发生：

1.失眠或过度嗜睡。抑郁症患者长期处于消极状态，神经递质方面会出现失衡，进而导致神经衰弱，难以入眠。此外，抑郁症患者本身普遍存在逃避心理，不愿和外界接触，嗜睡是出于他们的一种自我防护的本能。

2.对一切失去兴趣。以前能让他们开心的美食、玩乐、友情、爱情、成就感等，都变得无趣。上课发呆，注意力不能集中。五颜六色的世界，在他们眼中都变成了灰色，他们开始对一切失去兴趣。大多数时间，他们会感觉到异常疲倦，即便洗脸、刷牙这样的小事，也会让他们疲倦不堪。

3.易怒、易暴躁。易怒是抑郁症的典型表现，在青少年身上尤为突出，表现为处世消极、自暴自弃，对生活不抱太大希望。

4.出现自残行为。在中度以上抑郁情绪的长时间作用下，有一些青少年会难以控制地自己伤害自己，比如用美工刀在手臂划出血痕，甚至直接想割腕自杀。他们常常觉得"我不快乐，我感受不到开心""我觉得自己死了也挺好""我不配活在这个世界上"……

一旦发现孩子有抑郁倾向，家长一定要重视，并且要全程参与孩子的治疗，配合医生进行全面的检查和分析，不隐瞒真相，和医生共同制定治疗方案。

在治疗期间，家长更要陪伴在孩子身边，鼓励孩子，完成自我效能感的重建。比如教孩子每月学会做一件事，适当陪伴孩子登山、野炊、郊游。任何一件小事都可以是孩子康复路上的重要助力，只要真的用心。

请家长们记住，苦难和压力或许不会击垮一个人，但是没有亲人理解的抑郁一定会击垮一个人。

只有你的陪伴，才是孩子最好的药方。

在抑郁这件事上，
你并不孤独

LONELY

Part four

当你不再畏惧伤害，

不再逃避生活残酷的部分，

能平和地接受人生有创伤有喜乐，

能应对琐碎平淡的生活时，

不知不觉就活到了好事发生的那一天。

引言

同事提醒我："下周我们抑郁研究所公众号就满一岁了。"我这才意识到，距离我分享康复经历《致9000万人》已经一年了。抑郁症康复之后，我好像进入了一个产品经理和创业者的社会身份里，每天都在思考怎样做好抑郁问题的解决方案。

记得2018年的时候，病友们讨论："每当想自杀的时候，就去看看所长的微博——她比我还惨，这都能活下来。"朋友说："虽然我没有抑郁过，但通宵看完你的抑郁日记，好像进入了一个24岁女生的身体里，真实地感受到了试图自杀时的挣扎与无助，以及身陷病痛时的绝望和抗争。"

这让我意识到，痛苦的经历不仅有方法论和思辨层面的意义，袒露痛苦本身也同样有价值。

以前我总做噩梦，在梦里独自承受暴力侵害，因为现实中我太习惯忍受了。每每醒来都很恍惚，那些梦并不都是假的，毕竟有些是人生前20年里真实发生过的事。我无数次想过用死来终止这些虚实交错的痛苦。

抑郁症给了我一个机会，把耻于提及的家暴经历说了出来。

直面这些创伤，在朋友们所给予的爱的支持下，我认识到被惩罚、打骂不是我的错。在梦里，我开始学会逃跑和反抗。

到今天，我抑郁症康复已经两年半了。父母依然没有停止在精神上伤害我，过去的童年经历也没有被时空机器人窜改。现在偶尔我还会做噩梦，或者被父母伤害，但我不会像以前那样恐惧和孤独。我翻看和好友们的对话，他们说："你做了我们想做但是都没做成的事。""你不需要回报我们，我们爱你是因为我们愿意。"我的内心被爱灌溉和支持着，丰盈而坚定。非常感谢他们的爱，让我确定自己值得被爱。

在"所长抑郁日记"中，我愿意让渡出部分个人隐私，让世界看到抑郁的真相，让病友看到真实的康复案例：你看，人人都可能会得病，但我们终能活到好事发生的那一天。

这些文字碎片化地记录了我患病期间的混乱与崩溃，以及处于自杀边缘时，我的无助与脆弱。我希望能用真诚交换真诚，用爱来唤醒爱。

此外，我也希望病友们意识到，当我们直视恐惧的时候，当我们讨论病耻感的时候，当我们分享孤独这件事的时候，我们并不孤单。

所长抑郁日记一：原来甲壳虫嚼起来像花椰菜

2017.10.6

活着就会累，还是躺着好。

我躺在床上，零碎的绝望一点一滴地渗入身体。

心情持续压抑，我想起奶奶和爸爸的心脏病史，吓得赶紧预约了体检。

2017.10.8

我还记得2011年的一个夏夜，我在灯下写暑假作业，房间里钻进一只大飞虫，硬黑的甲壳虫让我头皮发麻。用手里的订书机砸过去，我强忍着恶心，松开订书机——大飞虫"啪"地掉落，这个误闯我卧室的"入侵者"被砸死了。

我梦到自己的房间墙面上密密麻麻地爬满了黑色甲虫。我妈躺在床上，从容不迫地抓下一只塞进嘴里，"咔咔咔咔"像在嚼爽口的花椰菜。她说这东西富含蛋白质，让我也吃。

我被迫从成群结队的虫子中抓住一只，颤抖着塞进嘴里，嚼烂虫子的瞬间还可以感受到它们触角的蠕动。

我妈指着满墙的"蛋白质"命令我继续"补充营养"，我脑袋一沉，瘫软在床上。

2017.10.10

刮风下雨时，整个城市都被搅得天翻地覆。昏黄晦暗的天色下，行人灰头土脸，裤腿被路边的泥水弄湿弄脏，枯叶被风嘶吼着卷到角落，仿佛被遗弃了。

雨停后冷风狂作，抓着门窗摇了一整晚。

夜晚，我坐在黑暗中，揪着被角等待世界重新归于寂静。我讨厌雨天，就像讨厌被当面掀起伤疤。

2017.10.21

梦里有恐龙在朝我咆哮，就像要撕碎我一般。我惊恐不已，躲进漆黑的房间里，盖上被子。随后一个矮小歹毒的男人出现，发出尖锐的笑声——原来这个房间是他捕捉我的陷阱。我的心狂跳，从梦里惊醒。

2017.11.19

持续的噩梦让我心力交瘁。

昨天已经吃过饭了，昨天也洗过澡、穿过衣服了，重复的无意义活动让我疲累，活着就会累。

全身沉重，连抬手撕日历都觉得困难。

值得欣慰的是，每一天都有结束的时候。今天也不例外。

2017.11.20

不能躲在家里，这让我特别没有安全感。

夜晚独自加班的时候，我总是无所适从。我留在空旷无人的办公室里，好像回到童年独自在房间写作业时一样，随时可能被人猛地痛打头部。

即使是下班路上擦肩而过的路人，我也时刻防备着，以防他们下一秒过来掐住我的脖子。

人类对我来说都是生存威胁，我的本能驱使着我逃跑，逃跑。

2017.11.23

人的心，好像只能容得下一定程度的绝望。

就像海绵吸够了水，即使把它丢入海中，也不能再多容纳一滴水。

2017.12.3

我厌倦了思考出门应该穿哪套衣服，配哪双高跟鞋。

也没有什么进食的欲望，往嘴里塞食物的步骤对我来说实在无聊至极。冰箱里除了一盒快过期的褪黑素，空空如也。

下午进行了一个漫长的会议，持续的脑力输出和亢奋状态让我感到非常疲惫。我瘫坐在咖啡厅的椅子上，忍受着周围的嘈杂声。"唉，不吃不喝也瘦不下来，我就是个105斤的大胖子。"我看着玻璃窗里映照出的自己，整张脸皱巴巴的。我对自己的嫌恶无处不在。

在回家的路上，我坐在汽车后座，突然司机来了个紧急刹车。在巨大的刹车惯性下，我没有丝毫躲闪的意识，对近在眼前的车祸也完全没感觉到害怕——我想我是活腻了。

2017.12.7

昨晚的梦里下着雨，我独自一人在水汽氤氲的玻璃上画画。在这个冰冷空旷的屋子里，我无比平静和孤独。

我要24岁了吗？时间过得有点快，都已经是2017年的最后一个月了。

好像很久没有跟朋友们分享我遇到的各种趣事了，越来越多事情不值得讲，越来越累。

此刻我把自己吃撑了，撑到有点恶心。我知道没有一种食物能填补神经性进食的焦灼，我也想问问自己，突如其来的冲动性暴食的背后，到底是什么？

逼问自己总是无果的。我缩在沙发里，缓缓地哭。

所长抑郁日记二：医生让我右转去精神科

2017.12.17

最近又开始频繁地做噩梦，脑海里反复出现童年时被家暴的画面。

一次次从梦中惊醒，醒来后失魂落魄，哭泣。反复的梦魇、失眠，让我的大脑越来越钝感，还伴有耳鸣和神经衰弱……以及一天比一天更没力气起床洗漱。

今天，开会开到一半时，我想起昨夜的噩梦，一瞬间被拉入梦境，无比惊恐，全身僵硬。

那是初二的一个晚上，我正在房间里复习历史，我爸带着一身酒气突然闯入我的房间，不由分说地开始扇我耳光——他全身的每一块肌肉都参与了这场酣畅淋漓的运动，一下，一下，一下地掌掴我。我被打得脑子嗡嗡作响，眼前一片模糊，鼻血连同口水一起飞溅而出。

我妈就在一旁冷冷地看着，既不阻拦，也不帮我打120。

半夜，我蹑手蹑脚地去厨房喝水，害怕被他们发现。连去卫生间拿止血的卫生纸，也都是跪在地上爬过去拿的，生怕弄出声响惊动他们。卫生纸很快用完了一卷，眼泪已经哭干了，鼻血却还流淌不止。十来平方米的房间里，地上铺满了被鲜红的血浆浸透的卫生纸。

当时，我以为自己会失血过多而死掉，可我没想到原来人可以流这么多血。

第二天睁开眼，我发现自己活过来了。来到学校后，同桌惊讶地看到我的历史课本第二章"土地改革"的书页上沾满了血迹。她大惊："这是什么？"我低下头小声回答："是我的鼻血。"她翻了个白眼，以为我在开玩笑："怎么可能？"我愣了一下，坏笑着回应她："哦，其实是我杀了一只鸡。"同桌也笑了。

2017.12.21

昨天晚上，我妈出现在我的梦里。她向我走来，没有对我破口大骂，也没有拽住我的头发往墙上撞。但是，只要她出现在我的生活里，我就会瘫软在地。因为我知道，她要来杀我。

2017.12.28

如果这个世界不需要沟通多好。不想上班，不想出门，不想被人看到。

现实生活中，大家都有各自的难关要过，我却在噩梦里反反复复地被伤害，日复一日，年复一年。

失眠，梦魇，头痛。醒来失魂落魄。

准备周末去医院，我想，我可能是病了。

2018.1.7

做了一整晚的噩梦，梦醒后一身冷汗。在梦里，父母大吵，甚至拳脚相向。

原以为工作离家之后，我会慢慢好起来，没承想噩梦竟唤醒了更为久远的记忆。

我记起了第一次近距离看他们互殴，鲜血四溅的场景，当时幼小的我无处躲藏只会号啕大哭。

第一次被血溅到脸上的那个午后，我两岁。惊恐的我从此失去乞求"别打了"的语言能力。因此后来，当他们的拳脚转而施加在我身上的时候，我只会默默忍受。

2018.1.9

每天只能睡两三个小时，"睡着"成了每个晚上我要努力完成的事情。

我挂了睡眠科的号，明天去看医生。

2018.1.10

明明挂的是睡眠科，医生却把我转去了心理科室。

"重度抑郁症，中重度焦虑症，伴随严重自杀倾向，建议立刻住院治疗。"我拿到了这样一张诊疗单。

活不下去是人生常态，但是被确诊抑郁症是我万万没有料到的。

"这太弱了。任可你个狗屎。"

置身于车辆川流不息的城市街头，灰蒙蒙的天空和此起彼伏的鸣笛声让我的内心生出一种无法抑制的孤独感。任何一个擦肩而过的陌生人都让我精神敏感，一张张人脸在我眼前无限放大，显得无比突兀。我感到前所未有的恐惧、孤立、绝望、无所适从——"抑郁症为什么会发生在我身上？"病耻感像一桶黑色的油漆，从头到脚浸透了我。

2018.1.13

去安定医院复诊。

接诊的大夫是个30多岁的姐姐，我吞吞吐吐地描述病情时，像在低头承认错误。

2018.1.20

中午吃了药。

下午还是情绪崩溃了，哭到胃痛。生活、工作让我无比疲惫。我非常想要休息，可到了晚上还是失眠了。

吃了医生开的安眠药，没有力气写下去了，我不会说"希望明天还能看到你"，我也不知道自己是否还期待明天。

2018.1.25

一直以来，我都耻于承认自己被伤害过的经历。耻于承认自己的怯懦、无能。

最近北京的天总是阴灰的，让我想起南方湿冷的冬天。我妈常常勒令我脱掉厚重的棉毛裤，裸着膝盖跪在搓衣板上，笔直地跪在硬冷的搓衣板上三个小时，不让吃饭、不让喝水，甚至不许动一动。

相比之下，我更喜欢被扇耳光，不出三五分钟，鼻血就会滴落下来，染红胸前的棉衣——这时候就差不多可以结束了。

有时候他们打累了，让我自己抽自己耳光——这更像是一种"再来一瓶"的意外之喜。撞上这种机会的时候，我甚至可以控制力道。即使跪在他们面前被监管，伴随着"没自尊心的东西""不知道羞耻"的辱骂，他们很难注意到，我每一巴掌的力道。于是我在一重一轻的巴掌节奏里，找到了属于我自己的韵律。

2018.1.26

头很痛，无比疲惫。

精神变得恍惚，完全没有办法像往常一样处理工作。走进健身房也没有力气锻炼。支撑现在的生活太费力，我渴望结束这一切。

我意识到一件可怕的事，我逐一地取消了所有置顶聊天，疏远了我的朋友、家人，我在意的人和事。

忽然，我感觉到某种放松的愉悦，让我想起十几年前那个父母不在家的周末黄昏。那时我小学五年级，我对着镜子，短暂逃离了暴力和辱骂的环境，在没有他们的世界里静如磐石，自由如鸟。

2018.1.28

抑郁，本是生活的真相。

思维变得涣散，仿佛能看到脑海里游离的念头变成一缕缕飘荡的青烟。

所长抑郁日记三：回家为童年奔丧

2018.1.30

临近春节，我不得不回家履行我作为子女的职责。检票的时候，我的心情如同在给自己的童年奔丧。

为了得到宽恕，我把诊疗单发给父母，还胆怯地把"常年被家暴"的病因打上了马赛克，以免他们自罪自责。我对他们说："求求你们不要再骂我了！"

他们当然不会买账。年夜饭饭桌上，我爸当着爷爷奶奶的面指着我骂："丧着这张脸给谁看？有你这样的女儿是我这辈子最大的耻辱。"我低着头，企图用长发遮住眼睛，可眼泪滑落的时候还是被堂弟看到了。他发来微信："姐姐，我想保护你。"

我吃了药躺在床上，只觉得眼前一片昏暗。

我爸突然闯进房间，拽住我的睡衣骂道："亲戚们都在客厅！你一年回一次家，也不知道出去陪他们多说说话！不孝顺的东西，养你这么大，还不如杀了吃。"

伦理关系充当着最精良、最狡猾、最有效的社会压迫工具，将我的生存意志摧毁殆尽。

2018.2.3

每天走上街头，我都在想：如果现在倒下，下一秒被车撞死，也不会干扰到谁吧？

我为什么还要活着？

每工作一小时，我就得躲进卫生间哭20分钟。白天即使强撑着把工作做完，晚上回家也要靠在沙发上流两个小时眼泪。我极力掩饰糟糕的状态，可愈是想掩饰，就愈是捉襟见肘。

我为自己的存在感到深深的羞耻。有时大脑像是在发高烧，仿佛里面有一块烧红的炭，被灼烧得剧痛无比。无法忍受的时候我甚至想，是不是死亡才是解脱的唯一方式？

我被囚禁在噩梦的监牢里，日复一日、年复一年地如同西西弗斯般重复着苦难劳役，刑期没有尽头，巨石却张牙舞爪地要把我压至干瘪。"你有没有在浓雾中开过车？路灯下很清冷，往日熟悉的街道成了梦魇里陌生的鬼城。何时可以到达目的地，仿佛永远是个未知数。"

2018.2.6

确诊抑郁症快一个月了，除了神经衰弱，严重失眠，其实也没什么。

2018.2.7

确诊抑郁症的第28天。

耳鸣，严重头痛，特别想哭。同事笑着和我打招呼，问道："怎么这么憔悴？"

唉，真是厌弃这样没用的自己。

2018.2.9

如果可以，我希望能在封闭的空间里冬眠。

2018.2.10

非常困。

困到失去语言组织能力。

困到所有的光芒都向我涌来，所有的氧气都被我吸光，所有的物体都失去重量。

我已走到所有路的尽头。

2018.2.17

南方的冬天总是很阴冷，我的手脚和耳朵像往年一样生了冻疮。我握着笔哆哆嗦嗦地写着歪歪扭扭的日记，房间像个冰窖，我连哭都忘记了。

那是高二某次月考成绩公布的当天，晚自习后，我爸来接我。我书包里装着60分的数学试卷，试探性地先告诉他好消息："我语文作文又被当作范文在全年级朗读了，文综成绩也排在班级前三。"我爸黑着脸："那第一名比你高多少分？数学成绩下来了吗？"

我缩着脖子，为了能多过一晚安稳日子，撒了谎："数学成绩还没下来，但是这次很难，一大半人不及格，跟我一起补课的李晓明也只考了85分。"时至今日我都记得我爸那句恶狠狠的回应："我要是他爸，一定杀了他——要这样没出息的东西有什么用！"

虽然那句"杀了他"不是冲着我来的，但我还是被吓坏了。

那天晚上，我安静地站在漆黑的厨房里，在微弱的月光下观察刀具。不知道哪一把会和我产生联系。

我常常怀疑，我的脑袋早就被我妈打坏了。

她用木筷抽我脑壳的时候，头晕目眩的那几秒钟里，我偶尔会想到我爸所描述的"猴脑宴"。我捂着头一声不吭地疼得蹲在地上起不来的时候，其实都会下意识地捧住整个脑袋——怕它也像猴脑那样裂开，流出脑浆来，这就很难收场了。

2010年某一个日常挨打后的晚上，我真觉得自己熬不下去了。搬来被子，安静地铺在厨房地上，打开了煤气。

"我不是自杀，是你们逼死我的。"

我也反复检查了厨房的门窗是否密闭，确保客厅阳台的空气流通。这样煤气即使泄漏，也不会殃及卧室里的父母。我知道，那天晚上我所做的一切，就是结束掉十几年来无休止的苦痛。我太弱小太没用了，我试过逃跑——可是能逃到哪里去呢？所以只能用杀死自己的方法，来结束痛苦。

奇怪的是第2天早上5点半的时候，我被窗外的鸟叫声吵醒了。我坐起来，呆呆地看着枕边的日记遗书，落款处的两个字"绝笔"，绝望之感升腾而起，却又赶紧爬起来收拾现场，溜回了房间。

——"既然没死掉，就得继续去上课，不然被他们发现我作妖，又要被毒打了。"

2018.2.19

在中学晚自习回家的那条路上，我爸曾尾随跟踪我，好观察哪个男孩子会和我说话。有几次，他甚至醉醺醺地指着路边的拾荒人对我破口大骂："你不好好学习，以后就是这个不人不鬼的样子。"

我妈看见我背着沉重书包稍有驼背，上来就是一顿拳打脚踢，甚至会为我走路手臂摆动的方式不如她意而扇我耳光。

2018.2.20

我在监狱里，

每一天都痛苦。

痛苦中再次感受到被压抑的情感，

这种感觉持续炙烤着我。

想释放，

想要被撕裂，

连同梦境和幻觉一齐被陌路人吃干抹净。

2018.2.22

回到北京独居的小屋里，床头被书本安全地环绕着，不必再忍受监视和责骂，我像重获自由的罪犯，默默流泪："啊，终于熬过来了！"

我试着忍住哭泣，心想我应该学会保护自己了，可依然还是病倒了，在床上不住地流泪。

哭着吃过饭的人，是能够走下去的。

我平静缓慢地把身边的零食一件一件打开，不顾健身教练的叮嘱全部吃进肚子。

在所有精神战栗的时刻闭紧嘴巴，试图维持躯体表征的稳定，然而沉重的伤痛依然震碎了五脏六腑。

噩梦把我卷进旋涡的中心，心像被钻了一个大洞，食物、衣服、星光，什么都填不满这个呼呼漏风的洞。

2018.2.23

我没见过真正的尊重。

它通常是礼数、谄媚、害怕、标榜、安抚、隔膜、嘲讽、自卑、绑架以及有所保留等的代名词。

我想起一句话："我甚至听说过住在罗生门的鬼，因为害怕人性的凶残而逃走。"

24岁的某一天，我走在北方冬天的街道上，推门进入一个展厅，发现一位僧人画出了我的噩梦。

2018.2.24

生活就像发福中年男人的衬衣扣，

随时会崩掉。

伤痛还是那样的伤痛，但我已不在乎了。

这世上不会有比回忆更能伤害人的了。

我的生活里只剩下一件事：活着。

2018.2.25

"你数学这么差，以后进入社会，去菜市场卖菜都没有人会要你。"

"你以为那些朋友跟你玩，就是要跟你好吗？没有人真正看得起你。你这没自尊心的东西！"

"以后嫁到别人家里去，不到三天就会被婆婆打出门。谁会养你这么不自觉的东西？"

"这个世界上没有人喜欢你。"

"别找你爸那样的男人。"

"千万不要成为你妈那样的女人。"

…………

我是听着这些话长大的，还夹杂着我妈在打骂我兴奋之时携带的几个脏字。

而如今我一个人工作、生活，耳边还是会时常响起这令人疼痛又熟悉的诅咒。

所长抑郁日记四：想把猫送走，然后自杀

2018.3.2

大学和喜欢的男孩子一起泡图书馆，他会宠溺地捏我的脸蛋。可他不知道的是，我的身体因为家暴留下的肌肉记忆这么多年都不曾消失。每次有人贸然触碰我的头和脸，我都会下意识后背发凉，身体发僵。

虐待不留痕的手段，我妈应该能出一部教程：

冬天罚我跪搓衣板的时候，要把毛裤脱了，三小时后膝盖跪得僵直，钻心地痛。夏天的时候，用鸡毛掸子抽背和肚子，稳准狠，且四肢不会留下血印。在厨房可以随手抽过竹筷连续抽打我的头部；在卫生间随时扯过我的长头发往墙上撞，疼得我眼前发黑也不会留下痕迹。

因为经常被拧得满胳膊淤青发紫，在盛暑天里，我只能穿长袖衬衫遮盖；直接抽耳光会留掌印，但用再大的力拧脸蛋也不过红肿几日。

我妈的"聪明",足够遮掩这一切不堪。

小朋友的脸皮有多薄我不知道,但被抽打时,肌肉的战栗反应永远被刻在神经记忆里。

2018.3.4

偶尔照镜子,发现自己的脸和我妈有几分相似时,我都会产生极大的畏惧和不适感。

我实在奇怪,为何我妈如此热衷于暴力,她为什么那么喜欢打我。

我中学时期的成绩在班上时常排第12名,每次拿到名次表,我一边跪在客厅里挨揍,一边想"第13名一定比我挨揍挨得更惨吧""那些没考上重点高中的,应该也都被打死了"。好像只要这么想,就能再忍耐一段时间一样。

大二那年,我已经是学生会的副主席了,个子高出我妈半个头,然而,暑假回到家,她还是会拽住我的头发,不由分说地往卫生间的瓷砖墙上撞。

有一年家庭聚餐,酒席上的叔叔伯伯说起我妈当年是校花。我大吃一惊,我只知道她成绩一直拔尖,没想到居然还是那么多人的梦中情人。

很快我就明白她为什么总是因为我不够好看而打我。不过仔细想了想，我也不只是因为不够好看才挨打。

洗碗的时候，如果没有按她的要求顺时针用抹布就会挨打；拖地的时候，如果没有右手在前，左手在后，就会因为"反了把式"而挨打；晾衣服的时候，如果没有拧干，就会因为衣服滴水而挨打；走路的时候，如果摆手的幅度太大或太小都会挨打……我做的一切不合她心意，都会成为我挨打的原因。

那时候，我真的以为全是我的错。后来才意识到，只是一个对生活不满意的女人，趁四下没有旁人的时候，暴捶自己的孩子，发泄情绪罢了。

面对她，我不知道要原谅什么，又诚觉一切皆可原谅。

2018.3.6
昨晚做了非常可怕的梦。

结果醒来发现，现实生活比梦更可怕。

2018.3.7
梦是潜意识的呈现。

凌晨三点，我又从噩梦中惊醒，心脏扑通扑通地狂跳不止。梦里，外面的世界洪水滔天，人们为了生存争斗不休，而我连最后一处藏身之地也没能守住。

2018.3.11

每一次从梦中惊醒，我都感到无比厌倦。

想养一个皮丘[1]，把我的噩梦都吃掉。

2018.3.14

经常有人来责怪我，说我不抵抗。

"你为什么不反击？我打回去之后，父母再也不打我了。"

"你为什么要写日记？为什么要把疼痛描写得这么美好？我觉得你很享受这种痛苦。"

"你就是太自恋了，你觉得你很强大，强大到明明应该反抗，却把刀子都往自己身上刺。"

"你还是没有真正康复，跟父母和解，原谅和拥抱他们，你才算真正好了。"

我已经习惯抛弃、漠视、打压、剥削、欺骗。我平静得像走到生命尽头那样，懒得辩驳，缺乏活力。

---

[1] 动画《精灵宝可梦》中的怪兽。

2018.3.15

一个人可以同时很想死又很想活，不冲突，都是真的。

人既然不能选择自己的出生，为什么不能选择自己的死亡？自杀的人比活着的人更有勇气。可以选择自己想要的生活是我想追求的自由。

想把猫送人，然后自杀。

2018.3.17

北京真是个令人讨厌的地方，各种各样的噪声连同空气中的灰尘一起包围着人们，逼迫人们接纳其成为生活的一部分。

2018.3.20

我现在总要花费很多精力向身边的人证明"我真的得了抑郁症"。

即使只是告诉亲近的朋友，也要回答"哪家医院确诊的""什么医生开的诊断书""你现在不想死，那你凭什么说自己有抑郁症"之类的问题。

是不是抑郁症患者必须得拿一个精神医学博士学位，写一篇两万字的论文才能"得出"自己罹患疾病的结论，才能得到宽恕和信服？

2018.3.21

开完会躲进卫生间哭，哭累后摇摇晃晃地强撑着自己走回办公室，假装成一个正常人。

走在外面的时候，我内心无比期待自己下一刻被车撞死，只要不死于自杀，这也不失为一种体面的离开方式。

有时候我会放下手里的工作，来凝视内心的痛苦。

我问它：就这样了吗？你还能怎样呢？

我成了抑郁的朋友，我就是它。

抑制自毁，对我来说像要用一辈子憋住一个喷嚏那样辛苦。

2018.3.22

我怀疑有人给我下了蛊，有时无比嗜睡，一整天都睡不醒。

有时又整夜整夜失眠。

我就在失眠和嗜睡这两种极端状态中来回切换。

人是有求生本能的，即使知道死亡离解脱最近，却迟迟不愿迈出那一步。

我，到底是在贪图什么呢？

2018.3.25

时间的缝隙里有什么？奇迹和真实。

2018.3.27

过敏性皮炎很严重，感觉这辈子不会被什么人喜欢了。

2018.3.28

想哭，失望。

人对死亡都是有恐惧的，选择自杀一定非常痛苦。

我相信每个人在决定结束自己的生命时，都承受了超过自身极限的痛苦。

承受着巨大的痛苦，却表达不出来，不能让周围的人感同身受。

我不想结束生命，我只想结束痛苦。

这是我所理解的自杀。

2018.3.30

七情六欲中，食欲最为凶残。每到饭点，同事们拥挤着走进食堂时，我只觉得害怕，害怕自己吃完食物日子就到头了。

每每走过这尊雕塑，我都亲切地同它打招呼。

图10 路过的雕塑

人生这么短暂、困苦、充满迷惑，这是上天对人类的一种惩罚吗？

2018.3.31

我太害怕剖析苦难了，电影、诗歌、日记、图画、文字都在解读和揭示那些伤痛。

我该以什么样的方式去逃离无孔不入的信息呢？

难道只有死亡才能保护我吗？

所长抑郁日记五：打开邮箱写遗书

2018年4月，确诊抑郁症百日之后。

不知道还有多少活日，所以现在我只想做自己想做的事，抄诗词、在玻璃窗上画画、弹琵琶，我把每一天都当作最后一天来过。

把"死亡"当作兜底的选择。

我不再害怕死亡了。

2018.4.2

我打开邮箱，给朋友们写遗书：

总觉得活腻了。

我一直渴望结束，一定会比你们所有人都要早离开。

如果有一天我真的离开了，不要对着我储藏室一样的屋子难过。觉得这么多日用品我都没用完就走了，你们拿去分了继续用就行。还有这些书，是我最宝贵的财产，也请你们分了。

我是一个幸福的残疾的人，早点离开就能少一点痛苦和彷徨。这是我很认真审视自己所明白的，抑或我其实是想知道死是怎么一回事。

从中学第一次尝试自杀开始，死亡对我而言就充满了诱惑色彩。

它是一切问题的解决方案：考砸了、丢了东西、忘了钥匙，都没有关系，我可以像奔向母亲的怀抱那样，把它当作安全的归宿。因为关于去死的所有指令，都是我妈向我发出的。

窗外杨树的叶子在风里猛摇，也许无所谓生，也无所谓死，我只是一阵风。

2018.4.4

梦里有只脏兮兮的流浪猫开口说话，问我愿不愿意爱它。

明知道进入彼此的生活会有各种不便，明知道它有一天会厌倦我平凡的爱，明知道它已经在这条街上问了无数个路人，可我还是不忍心让它继续受冻等下去。于是抱起它，说："好呀，我带你回家。"

2018.4.7

只要还能醒来、能进食，就不算死掉。

2018.4.9

右手食指被车门夹了，疼得直掉眼泪。因为着急见项目合作方，我只能赶紧擦干泪痕。

聊业务的时候，高密度的信息交换让我兴奋，在翻酒水单的时候才发现右手还在颤抖，于是我迅速把它藏到桌子下面。

切换到下一个饭局的时候，大家聊得都很尽兴。偶尔不小心碰到右手，瞬间痛到失语。我低下头，发现并没有表皮创伤，于是继续闭紧嘴，等待痛感消失。

2018.4.11

去窗边倒水的时候，我看见落地窗前的午后阳光。隔着一层玻璃却离我那么远——我回头看了一眼同事们，我们都是被困在写字楼格子间里的沙丁鱼。

记忆越来越模糊，有的事想起来像是上辈子发生的。

我强烈地期盼自己能够失去所有感受，乖乖做一部工作流水线上的机器。

逃避和掩盖掉多余的感情。

2018.4.14

不知道还有多少活日，我已经不去想什么工作绩效，什么职业发展，只做自己愿意做的事。

我抄诗词、在窗玻璃上画画、弹琵琶，把每一天都当最后的日子来过。

我痴迷于逃离生活。拒绝猎头的电话让我放松，放弃课程分享和投资咨询让我快乐。

2018.4.15

夜晚，我跟好朋友一边散步一边背诵诗文。从《离骚》到《陈情表》，我们一点一点进入古代文人们的精神世界中。夜色化解了我们对庞杂城市生活的警惕，口中吟诵着江上清风、山间明月，忽然间觉得，自由似乎没那么遥不可及。

2018.4.17

"我们热爱这个世界时，才算真正活在世上。"
夜晚，我总怀着极柔软的善意读诗。

2018.4.21

地铁里拥挤压抑，闭上眼，我感觉世界仿佛就要爆炸一般。然而爆炸并没有发生。人潮汇集又被冲散，我还是一个人。

我感觉下一秒我就要哭出来，邻座的老婆婆特别友善地同我打招呼："你是北京的孩子吗？"我摇了摇头。老婆婆又说："一个人在这里啊？真不错，善良又有本事。"

我才反应过来，几站前我给她让过座。老婆婆的笑容和祝福拯救了当时的我。

每个陌生人都可能是你瞬间的上帝。

2018.4.22

失落恍然来袭，像是一团醉意。

2018.4.24

我的心无比饥饿，

渴望吃下整个浑圆饱满的四月。

2018.4.29

我们需要更高的情感灵敏度去处理复杂的信息，从而获得韧性和成长。

这世界让我感到挫败，但我还不想离开。

2018.4.30

我把昨晚的梦弄丢了，丢在晨起匆忙关上的门后，丢在水雾蒸腾的街道旁，丢在我家猫轻柔的呼吸间……我被那个梦境遗弃了。

所长抑郁日记六：每想你一次，我就吞下一粒安眠药

2018.5.2

我妈给我打电话："你马上就进入25岁的下半场了，不要再游戏人生了。"

好像我过了50岁就会死一样。

关于找男朋友，她提了4个要求：要门当户对，不要找家庭条件比你好的；不要找学历比你高的；不要找比你聪明的；不要事业超过你的。

我：那你是要我去做慈善吗？

我妈的理由是：条件比你好的，一定会嫌弃你。

我就是在这种打压式教育下长大的。从前我没吃过糖，以为盐就是糖。我没见过爱，以为打和骂就是爱。

所以当他对我说出"我不会因为你被家暴而嘲笑你，更不会同情你，我只是想要了解你的过去"这句话的时候，那一瞬间我像是独自在城市流浪了很久的孤儿，被他收养了灵魂。

那一刻，我愿意为他去死——来，命给你。

2018.5.3

真的，我总也睡不好。

酒精、褪黑素、安眠药，都不是我的朋友。

康德说婚姻的意义就在于"合法使用对方的性器官"。

我工作中的第一任产品总监告诉我："婚姻的本质是财产关系。"

现代婚姻提供了一项巨大的好处：协同进化。也就是说，你不是在嫁人，而是在发出一种邀约，在邀请协同进化的伙伴。不互相消耗，能接受共享收入，认可对方的投资支出方案。

所以看到弗洛姆的时候，我才感觉到生而为人，我因为有爱的能力而被尊重了。

"只能用爱来交换爱，用信任来交换信任。"

爱是深刻主动的洞察力，在这种洞察之中，只有客观认识一个人，才能在爱的行为中认识他最本质的东西。

爱是了解的唯一途径。我找到了自己，我找到了你，我发现了我们两个人，我发现了人类。

2018.5.5
失眠是因为身边有敌人，而你需要警惕，因此时刻处于战斗状态。

2018.5.7
结束了6小时的会议，收拾好笔记本推开公司的门准备回家。

突然听到一阵号啕大哭，同事的女朋友缩在公司门口泣不成声："给你打了13个电话都没接，我只能在这里等你。"同事忙不迭地把她抱在怀里安慰。

今夜没有星星，却无比浪漫。

真的，要是我被这么挂念一回，就嫁了。

2018.5.8
生存总像是火烧眉毛似的，大家都为了钱荒诞无经地生死奔波。人间到底有什么是值得留恋的？除了雪落和花开的时刻，我再想不出了。

管他什么大趋势、下一个十年计划、年薪、房价，我只要活着。

2018.5.9

忽然想恋爱了。

生活太苦了，让我咬一口你的樱桃吧。

开车太累了，帮你握一下你的方向盘。

2018.5.11

那天聊到很晚，我喜欢对面的人盘着腿，我们以朋友间对话的方式聊天。他说话吐字的节奏仿佛把我拉进一个宁静、舒缓的能量场里，这让我快乐。

我赦免了自己，放任自己去做快乐的事。

在电影院里撑伞，把玩具小熊放生，挂到路边的树上。

转轴拨弦，用琵琶弹奏几缕情愫，想长长久久地浸淫在这种麻木的快乐里。

2018.5.12

无论身在何处，你都可能感到孤单，但生活在一座城市里，作为数百万人中的一员，又会生出一种别样的孤独滋味。

陌生人在城市里以科技的方式"互联"，却始终无法真正触碰彼此。

2018.5.17

最近喜欢上一团温柔的幻象。

在梦里，我特别想快点把工作完成好，回家抱一抱喜欢的人。

我奔跑着赶到家时，他已经睡下了。

我战战兢兢，怕他生气。

森林里摘来的花已经皱了。

实在想不出来该拿什么去喜欢他。

醒来后也没有找到。

2018.5.18

我爱你。

骗你的。

上一句也是。

2018.5.19

"你是我临死前都想拔掉氧气管亲吻的人。"

2018.5.20

我梦见喜欢的人感冒了，发高烧。我想买药给他送过去，结果过马路的时候被车撞死了。

梦醒后我无比庆幸，还好是做梦，不然他感冒就没药吃了。

2018.5.21

"你很好，只是我当下不想谈恋爱。"

"你更好，是我爱而不得的人。"

我们笑着告别。

可我身体依旧忍不住地颤抖，没关系，我在心里劝慰自己。收拾好满脸的泪痕，我走出咖啡厅。

我们衣着简单，用情简单。

简单到，遇见人就爱了。

顺便把悲伤带到街头。

2018.5.22

每一天我都当时间和生命是偷来的，爱怎么过便怎么过，一切只为了取悦自我。

我想怀抱极大的热情去生活、去创造爱的体验。

2018.5.25

作为一个人生前20多年没感受过爱的人，我对爱的饥渴使我渴望同另一个人建立关系。

我担心自己做得不够好，担心因此不配得到爱。所以在感情里我竭尽所能，恨不得付出一切去学习爱、表达爱。

2018.5.26

比较开心的是，最近醒来就不记得噩梦的内容了。

2018.5.28

每想你一次我就吞下一粒安眠药。

2018.5.29

"喜欢一个人是什么样的？"

"就是你想把湖水拍打石头的声音发给她，还有虫鸣声，还有松鼠们的照片……和路边白白的糕点。"

2018.5.30

儿时听多了"山高万丈，挡的都是不来人"的故事。成年之后大家都累了，在山的两侧，互相等待对方翻山越岭。

2018.5.31

今天很快乐，那些委屈、愤怒、茫然失措都结束了。

我甚至想，不妨让饥饿感、情欲和倦意持续折磨肉体。

永不满足地保持着渴望。

原始的欲望被诱发而永远生机勃勃，好来延续此刻摇摇欲坠的衰竭生命。

所长抑郁日记七：把胸给我看，我就相信你得了乳腺癌

2018.6.15

6月过去一半才开始写日记，动笔的此刻无比疲惫。

瘫坐在沙发上，胳膊无力地垂下来，眼睛看着公文包和电脑，全身却像灌了铅一样无法移动。

这世上平凡的人多，不甘平凡的人更多。

"可能性"成了最诱惑人的字眼。

那些不甘平庸的人，会把每次机会都当作穷途末路的孤注一掷。

2018.6.17

梦到自己住在一个极为阴暗湿冷的屋子里，一丝光亮都照不进来。

强盗、小偷、强奸犯，谁都可以伪装成快递员和外卖员进入楼道，轻而易举地推开我的门，闯入我的屋子。我手足无措地置身于

极度的黑暗与恐惧中，等待着被侵犯和伤害。

醒来后我又买了一只"霸王龙"，希望它守护我。

2018.6.18

梦到我爸死了。

我不知道该如何表现悲伤，手足无措。

不愿接受，无从表达。

2018.6.21

对有些人来说，如果不刺痛自己，就感觉不到活着。

2018.6.22

昨晚睡了3小时不到。

4月以来，我慢慢开始喜欢活着，我觉得活着真好。

朋友发给我的话让我流下了眼泪。好久没哭了。

2018.6.23

荨麻疹过敏持续两周了，吃了药也没见好。

被皮带、塑料拖鞋、鸡毛掸子、筷子、棒槌抽打，被竹签扎，
跪搓衣板，吃掉在地上的饭菜，脱了衣服跪在路上抽自己耳光……
被家暴到对痛苦免疫，后来再遇到校园霸凌和职场性骚扰时，我都

展现出了惊人的忍耐力。

我独居5年了，却依然逃脱不了被家暴支配的恐惧，创伤后的应激反应时刻伴随着我。

我小学一年级开始学写字的时候，我妈总会过来掐我，在我的胳膊留下一块块青紫色的淤痕。我用粉色水彩笔涂在淤痕上，试图遮掩。我妈走进房间，看着我的胳膊以及我狼狈的样子哈哈大笑。

"别打了，都zhǒng（肿）了。"她念出我写在伤口上的请求，又说，"你右胳膊上的字是怎么写上去的？用左手吗？"

我就像个小丑一样怯懦地点头。

朋友们问我："你恨他们吗？"

我选择不恨，因为没得选。父母有他们的教养局限，他们只会用暴力掩盖他们无力解决问题的愚蠢、孱弱。

况且他们也受到了不被自己的孩子所爱的惩罚。一切都已经结束，只剩下我和自己的战役。

不再每天总想着自杀之后，我的生活状态变得更为艰难：痛苦和求生本能将不再是我的养料和驱动力。我要把破碎的自己重新拼凑起来，要塑造新的人格以适应残忍和爱意并存的现实生活——这几乎是反宿命的。

从前我总安慰自己：被家暴太正常了，谁还没受过伤害。

表面上我对家暴这件事已经脱敏，然而我从未有勇气去探究这件事的内核。我怯于面对真相，以至于再受到伤害时，我依然没有勇气去对抗。

2018.6.24

最近朋友们告诉我：不要把对生活的企盼和欲望实现寄托于外界。被爱或者被认可只是漫漫人生路中可能会得到的小概率正向反馈，我们不能只靠外界的正向反馈活着。

朋友问起我为何面对日常生活如此紧张，我低下头承认自己的抑郁问题，怯懦的样子像一只鹌鹑。朋友如释重负地朝我笑着说："原来是抑郁症啊，我前女友也得过。我们清华校医院开得最多的，除了消炎药就是抗抑郁药物了。"

朋友每天晚上轮流给我打电话。有时候我觉得所有的眼泪都流干了，他们依然不挂电话。

"不想说话可以不说，哭一会儿也行，我等你哭累睡着了再挂。"

"为什么要为一个病人浪费这么多时间？"

"因为你值得。"

这五个字击破了我一直信奉的"价值交换是一切关系的尺度"。他们无条件的陪伴和不求回报的善意，让我重新建立起自己值得被爱的底气。是你们浪费在我身上的时间，使我变得如此珍贵。

也让我明白，此刻沉稳睡去，明天能够再醒来，就是生活当下的意义。

过往的创伤就像一颗钉子钉在墙上，即使拔除了也会留下碍眼的洞。抑郁症令我反复地盯着这个洞看，反复地回忆被钉入墙面时的恐慌。

但是当我把目光移开，发现原来墙边有一片绿叶，桌边有一本书，窗外还有整个花园。

墙上的洞还在，但我已经不在意了。

2018.6.25

起床，刷牙，看到镜子里冷静略显呆滞的自己。但没有任何想要结束生命的冲动，也没有悲痛号啕的想法。——此刻呼吸平和，这让我十分愉悦。

2018.6.26

窗窗户户院相当，总有珠帘玳瑁床。虽道君王不来宿，帐中长是炷衙香。

夏日沉闷，我更爱睡觉了。

汗涔涔的夏日里，熏香是仪式和祈祷，之前喜欢的都是檀
香、沉香这些厚重深沉的草木香，现在换了清甜小巧的"鹅梨帐
中香"。

2018.6.28

最近恢复了健身，在重复的锻炼过程中，我获得了一些安
全感。

2018.6.29

琵琶课结束，去五道口找朋友。

坐在车上用电脑工作的时候，发现她每周从北五环来我家探望
我都要花上一个多小时，我知道自己是被爱着的。

她特别认真地看着我，抓着我的手，坚定地告诉我："任可，
我们对你的好都是你应得的。"

"当大人太累的时候，就做回小朋友吧。"

2018.6.30

我的人格重建、生活热情，全是朋友们馈赠的：

"有问题记得来找我，万一我能帮你呢！"

"不知道能为你做些什么，不开心了就给我打电话吧！"

"大家都很绝望的，可是有人无条件爱着你。"

"你不需要做出回应，知道有我爱着你就好了。"

一年来我都以为LEO是我的病友，才会大半夜撇下工作聆听我的倾诉。

今天谈项目的时候他才告诉我，其实他根本没有抑郁症，当时是为了开导我，故意以病友身份陪我聊天。我震惊了许久，眼泪瞬间夺眶而出。

2018.7.1
我们这些饕餮之徒只能靠进食才能填补心中的空虚。实在是可怜，精神得有多空虚，才需要咀嚼吞咽来缓解焦虑呢?

2018.7.2
昨晚12点就睡下，没想到还是做了噩梦。
梦到回家路上到处都是坏人。

2018.7.3
第二次去做心理咨询，真的很无聊。
咨询师什么也给不了我，连一条新鲜的信息都没有。

2018.7.4
跟中科院的前辈聊抑郁症的医疗方案，从AI、VR到热能光波，到肠道细菌……突然好难过。明明就是因为没有被爱，没有过过好日子，抑郁了之后还要吃药、被电击……

久病不愈的患者缺的不是医疗方案，而是好的人生。

真的我又要哭了。

2018.7.5

"隔壁老王也喝酒，人家怎么没有胆固醇？"

"别天天说自己胃癌了，贫困山区小孩都没说自己过不下去。"

"你发际线坚强一点，没有谁的头发是容易的。"

"你把胸给我看，我就相信你得了乳腺癌。"

什么时候大家能对"患上抑郁症"这件事和"被诊断为肾结石"持同样的心态呢？

我们社会的心理意识还有待提高。

所长抑郁日记八：想你，想休假，想为你休产假

2018.7.6

我赶飞机、开会、购物，试图将生活的所有空隙都填满。

阻止自己想你。

2018.7.7

昨晚梦到跟朋友们一起喝酒。

突然我喜欢的男孩出现了，他用那一贯调皮又温柔的语气问我："怎么这两天都不找我，一定要我主动联系你吗？"然后牵起我的手，自然地放进口袋里。我怀揣着对他的爱意跟在他身后，一起穿过人群。

他就那么牵着我的手，我就像一个弃婴，而他收留了我。我想一定是上天要对过往所有的伤害进行补偿，才让他出现在我的生命里。此刻我如此快乐。

我什么都不用想了，我爱的人就那么拉着我，像拽着一只风

筝。我快乐得像一只小鸟那样飞起来，太美好了。

我们走在我中学放学回家的那条路上，忽然我妈出现在我们身边。我不知从哪里来的勇气，径直从她面前走了过去。

我妈顺手捡起一根藤条，追着我们进入一片荒废的空地。然后她开始打我，咒骂我是该死的东西、不要脸。
我忍受着毒打，旁边的他问我：为什么不反抗呢？

我妈指着我的鼻子说：刚才你见到叶阿姨，居然没有打招呼问好，现在你抽自己一个耳光给她道歉。

我在所有人都没反应过来的情况下，把那个耳光狠狠地抽在了我妈脸上。随即，我妈进入了暴怒状态，用尽浑身解数拼了命地追着我打。
可我变得无所畏惧，因为心爱的人在我身旁，我从未有过这样的底气和安全感。我开始反击，她打得越狠我就还击得越狠。我心想：那就被杀死吧，或者我杀死她。

2018.7.8
喝醉后，我开始哭，哭得撕心裂肺。我一边跟自己说"没什么好哭的"，一边越发委屈伤心。

我打电话给好朋友："他居然不知道我爱他，他居然不相信。"

朋友在电话那边安慰我。

我什么都听不进去："也是，我凭什么打扰他呢。"

2018.7.9

你以毫不知情的方式参与我的爱情，后来我放弃了，开始记录这段感情。

——我独自参与，就并没有结束。

你从未出现，却始终在场。

2018.7.10

送走我的猫一个月了，家中不再有猫毛，身体也舒适了许多。

可每天出门前无人可吻。

生活令人惆怅。

2018.7.11

做了一个让我惊恐到不敢哭出来的梦。

因为出轨而分手的前男友闯入我的房间，试图惺惺作态地以复合为由侵犯我。我惊恐地反抗着，却被蛮力压在身下。

这时，对我施暴的人突然变成了我爸。他狠狠地掐住我的脖子，扇我耳光，我的每一丝挣扎都让他更愤怒。

爸爸，你怎么可以这样？

我忍着万分恐惧乞求："请你不要伤害我，伤害妈妈。"

而他压在我身上露出狰狞的笑："你以为你妈妈不知道吗？"

这句话像一桶冰水浇得我身体僵直，彻底放弃了抵抗。然而，他撕碎我的衣服后并没有进一步侵犯我。他已经用暴力完成了对我的征服，满意地离去。

我站起来，看着镜子里妆发凌乱的自己，脖子上满是青紫色的掐痕，脸上的巴掌印显而易见。我颤抖着连哭都哭不出来，因为我喜欢的男孩就在隔壁，我怕被他知道所以只能极力忍耐。

从梦中惊醒后，我才缓缓地低声哭出来："我怎么可以做这样的梦呢？"

2018.7.12

梦里爸爸又一次讥讽我、贬损我，嘲笑我没有如他所愿成为一个成功的人。

他熟练地打开我的日记，阅读里面的内容，并且将我珍藏多年的图书撕得七零八落，拿去垫桌腿。

2018.7.14

今天朋友问我："你想要什么？"

我强忍着要夺眶而出的眼泪。

我想要的不敢说，说了得不到，更是可怜。爱是美好的小概率事件，又极其复杂，我没那么好的运气碰到。

2018.7.15

昨天急性肠胃炎，上吐下泻，浑身一点力气都没有。朋友们收到我的求救信息，凌晨1点半来我家，接我去医院。一整个晚上我都在输液，而朋友们陪我到早上7点，还把送我回家，让我得以度过这次危机。

毛毛跟我说："和喜欢的人在一起，老虎会变成猫，然后变成被雨淋湿的小狗。"

我很开心："这次终于能坦然承认我是狗这件事了。"

同事在一旁很羡慕我，说："我没有这么好的朋友，所以不敢生病。"

2018.7.18

小波媳妇生孩子，他休半个月产假。

啊，我也想休产假呢。

想你，想休假，想为你休产假。

2018.7.19

我想我不需要一只猫，我想我不需要一个爱人，我需要遗忘。

2018.7.20

"我就像一个穿着宽大黑风衣的人，走到你面前，拉开风衣一侧的衣襟。

"给你看我的伤痕，你看完后不要落泪，你的心要如磐石一样，坚定起来。"

2018.7.21

晨光劈开温柔的脊背，

楼宇碎成许多洞穴，

大人碎成许多小孩，

灵魂碎成许多肉体，

我碎成许多你的气息。

2018.7.24

潜伏在夜里的梦鲜活了一整天，在困顿的午后、迟缓的傍晚再次浮现。

我的心是一颗小小的硬邦邦的黑色煤球，滚落在东北雪后的街边。

2018.7.26

在喜欢的人面前，

安静，

不敢呼吸，

唯以沉默相抵。

2018.7.27

洗完澡，脚丫子和头发湿漉漉的。我回到房间，屋里的熏香散发出来的味道混合新换的沐浴露味道让我闻起来像只小猫。

我的胃里有早饭，脖颈上有阳光，脑子里有欲望，灵魂里有慌乱，心里有一股刺痛。

2018.7.28

我边擦眼泪边跟朋友说：没关系，我爱到不爱的时候，就能放下了。

2018.7.29

爱是恒久忍耐。

爱是永不止息。

2018.7.30

我一直很渴望喜欢一个人，如同渴望被爱一样强烈。喜欢的人刚好出现了，于是我小心翼翼地去爱他。

爱他其实是爱自己的过程。我在他身上投射了一些美好的词语，也慢慢发现他并非如此。在了解他的缺点过后，我仍然选择爱他。

认识爱比认识死亡难太多了，死亡是客观的事件，而爱是一种感觉，是心中的执念，是对被拯救的渴望。爱是说服自己，我也可以得到幸福。但在结局到来之前，没有人告诉我那不过是一场幻觉。

这像一根针扎醒了我，逼着我好好活着。
我想我很勇敢，不能再去逃避了。

真正的别离不是长亭古道，也无须劝君更尽一杯酒，而是在一个像平常一样的清晨醒来，有的人留在昨天。

睡了，帮我"关"一下月亮。

2018.7.31
"也许我自杀就是想成为自己的神。"
在接近死亡的时候，我感受到了生命。
我突然像醒了一样，从来没这么清醒地认识到自己在活着，活着这件事的生命力居然这么强烈，强烈到一切痛都不重要了。

2018.8.1

也许我只是一直沉迷在痛苦和抑郁里，我对痛苦上瘾了，并且戒不掉。

尽管苦难没有认清，爱也没有学成。

我还是康复了。

所长抑郁日记九：练习拒绝死亡的邀约

2018.8.3

说不怕抑郁症复发是假的。

昨晚雷电交加，我缩在沙发里，一个人惶恐不已。

我依然抗拒工作，想要逃离生活。虽然没有影响工作，我却明显缺乏精力。睡得不好，还时常做光怪陆离的梦。我依然不知道舒适的生活是什么模样。

即使表面展现出蓬勃的生命力与热情，内心依然拒绝不了死亡的盛情邀约。

2018.8.5

我想我已经垂垂老矣，没有什么耐心再去学着爱上自己。

每次会议的结束语对我而言都像是遗言。我身体僵硬地倒在沙发上，脸色因为失去血气而变得苍白。

我有些难过，总觉得每一分钟都会是最后一分钟。

2018.8.7

怎么都提不起劲儿，各种没力气，每天都在担心自己会不会复发。

2018.8.9

人真是麻烦，总要想各种理由活着。

我试图把工作当作自己的孩子，当作爱人，以此来抵御死亡的诱惑。

在连续工作数十小时后，我向朋友坦言："完蛋了，死亡还是对我有诱惑力。"

为了拯救自己，我写出活下去的理由和有生之年要做的事的清单，为自己注入一些勇气。

生活太枯燥了，每天大概有三五次冲动，想把手边的拿铁从头上淋下去。

我给自己设立了一些任务，或者说目标。比如为准备心理咨询师考试拒绝所有约会；比如第一季度要瘦十斤……以及喘完这口气，还要继续活下去。

2018.8.11

"当多巴胺水平偏低的时候，人就开始思考生命的意义，生活的意义。当多巴胺水平更低，就会陷入抑郁情绪。"终于找到最近心情低落的生理原因，我马上去查资料：大脑怎样才可以分泌多一些多巴胺？

结果答案是：做爱与享受美食。

最近在微博里收到的病友私信越来越多，他们把我当成了树洞，倾吐那些隐秘的故事。我把它们收录了起来。

2018.8.13

分享"抑郁研究所"的一期征集主题：睡不着的原因。

"作为单身了32年的女性，我可以一个人完成新房装修，一个人打理好公司，一个人去做手术……但是我害怕，以后我无人合葬，要永远孤单地一个人躺在墓地里。"

"作为'娘直男'，我从小就更受女孩们欢迎，有一天我意识到，我结婚那天，可能根本找不到一个亲近的男性来做我的伴郎。没有一个'哥们儿'来参与我的生活，我突然就慌了。"

"作为一个非常受欢迎的人，我从来不用给交往的女孩子花钱，她们都是争先恐后地来跟我谈恋爱。可是我高烧那天，屋里堆满了红酒，没有人给我煮粥。"

有时逃避得太久了，自己都忘了埋在心底真实的渴望。

2018.8.16

"那些伤疤早就有了，我只是用刀把它们释放出来。"

一个企图割破自己身体的抑郁症患者向我解释道。

2018.8.18

今天遇到一位七十多岁的抑郁症老奶奶，生活富足、儿孙满堂。

可她却彻夜流泪，说自己这辈子都没有遇过真爱。

回顾一生，发现没有得到自己最渴望的，可能是所有人内心深处的担忧和恐惧。

2018.8.21

面对那么多在深夜煎熬的倾诉者，我要做的是安抚求助者的情绪，帮他发掘内在力量，从而获得安全感。很多时候，我知道他的行为并不合乎道德，但是咨询语境里没有"道德底线"，只有"尊重他人生命"的原则。

正所谓，医得好病，医不了命。哪怕是抛弃家人、背叛爱人的求助者来找我，我也知道，他们只是因为良心谴责而惴惴不安，需要的是抚慰和心理支持。

我只能说："虽然你欺骗了爱人，背叛了誓言，违反了合约，但是你从未放弃忠于自己。其实所有的答案都在你的问题里了——动念即起因，现实即答案。你编织生活的方式，你想成为什么样的人，你早就做过选择了。"

　　所有的选择都是有代价的。

　　你可以抛弃很多人，草率结束一段关系然后再开始，但是你真正伤害的是自己应对生活的能力。这也是你会因为无法入眠，坐在我对面的原因。

　　2018.8.23

　　看到一则新闻，一个女孩被自己的父亲杀害。

　　"随着命案而终结的家暴"对我来说，是很平常的故事：受害的女孩向所有可能的人求救，周围的人也在竭尽全力帮助她，但没有改变悲剧的结局。

　　想起我爸曾经对我怒斥："养你这么个没出息的东西，还不如杀了吃！"

　　我一直觉得被父母杀掉只是一种修辞手法，不会发生在现实生活中，直到血淋淋的真相出现在面前。我想起自己小时候那些可怕的经历，后知后觉地意识到，我距离死亡其实也不过一步之遥。

　　为什么血缘关系会成为罪犯的保护伞。

　　所谓父亲的身份，可以让一个暴力分子坦然地留在受害人的生活里，只要他没杀死孩子，就没有人能够制止他。

　　被父母杀掉的不只是新闻里的女孩，还有我们这些家暴的幸存者。

2018.8.26

昨晚梦到拍抑郁症患者相关的纪录片，爸妈送我回北京。

路上因为一件小事，他们争执起来。我实在受不了他们喋喋不休且无意义的争吵，冲出车门。这一行为被他们认为是"发病"。我爸不能接受我如此"不守规矩"的行为，追出来恶狠狠地掐住我的脖子，怒吼道："掐死你这个东西！"

醒来之后，我愣了一会儿。

2018.8.29

写完一篇家暴相关的文章，公众号推送出去之后，眼泪哗啦哗啦地掉。

我把文章转发给宽哥，说："谢谢宽哥如兄如父一般待我。"

宽哥说："哭一辈子又怎么样呢？人生总有些事是克服不了，解决不了的。能熬过去就熬过去，哭着能熬过去就哭，逃避能熬过去就逃。"

我们现有的教育太强调主观能动性，面对无法改变的东西，容易自责。

很多人一辈子都会偷偷审视自己，但没必要恨自己纠正不了。一辈子只有几十年，纠正不了的问题太多了。什么时候跟自己握手言和，我们的内心会有答案的。

我觉得你挺棒的。

"我心里非常清楚，我不过是个平平无奇的普通人。和大家一样有着不够好的原生家庭和感情经历，在不幸福这件事上和很多人一样，但是这一年来，我真的变了好多。不只是抑郁症康复了，还长出了爱的能力。朋友们在我每次抑郁的时候都给出无条件的爱。他们对我来说意义非凡，重新塑造了我，让我知道爱有多好，我为什么而活。抑郁的人那么多，我有幸被你们爱过，才重新长出了能量。"

写完之后我又哗啦哗啦流了半天眼泪。

这种脆弱的时刻让我体会到内心的坚实，真好，我想我不再是空心人。

2018.8.31

七月、八月经历了许多，时间都变慢了。

我很痛苦、很痛苦，抓着朋友们给我的一点点温暖，决定今后要更努力地活，仿佛不曾活过那样。

2018.10.30

我们常常会在一段关系中投射太多想象：理想、个人议题、自恋、自卑、渴望与匮乏。

在一段关系中存在六个角色：真实的我，我想象中的我，我想象中的你，真实的你，你想象中的你，你想象中的我。

我们之间的争执冲突，都是在修正这些想象造成的误会，都是在努力融合这六个角色，使它们看上去趋于一致。但过程激烈不已、痛苦无比。

分离，是直面一段关系中所有真相的时刻。真相总是伤人的。当个勇敢的大人，别活得太糊涂。但请记得，生命中那些深厚又互相支持的关系从未走远。

2018.11.20

上班路上第一次感受到阳光沐浴的温暖。

奔赴约会的途中，我生出许多对未来生活的期待，宛如迎来一次新生。

这一切都在提醒我：我活过来了。

2018.11.28

我是来了北方之后才知道有烤冷面这种食物。对南方人来说，这是一种奇妙的北方小吃。

"老板，不要香菜。

"多来点洋葱吧。"

老板娴熟地翻动手中的铁铲，操弄面饼和鸡蛋。毛刷上的调味

酱抹过粗粝的面饼，蛋液在炙烤中紧紧吸附在面饼上，食物的香味
狡黠地蹿进我的鼻子，抚慰着城市夜间孤独的行人。

此时，高级写字楼里的白领们也刚结束加班。他们疲倦的脸映
照在小摊的玻璃上，成了一个个原原本本的人。

在小摊温暖的灯光下，我的身体也被热腾腾的食物打开了，对
明天生出些许期待。

2018.12.7

如果可以选，我希望成为感受力更灵敏的人，传递更多正向价
值、为身边的人创造更深刻的爱的体验的人。

朋友说："我老婆在我心里永远都是20多岁最美好的模样。哪
怕她现在老了，脾气不好欺负我，我也一直记得她最好的样子，愿
意包容她，接受她现在的状态。我们在一起的时候，都会更在乎彼
此，照顾对方多一点，而不是只关心自己。这种对对方的在乎是数
十年的默契培养出来的。"

爱是智人的高级能力，让烦琐乏味的生活有了光。

一切温柔的意象里，"葡萄美酒夜光杯"的席间，我都忍不住
在人群中偷得片刻想一下你。

爱不是充分必要条件，

不是天时地利。

爱是泥沙俱下，

爱是头疼了还想要爱，

是收到或者没收到你的消息，都不能好好走路。

2018.12.23

这个世界最不易被征服的，是内心有美的追求的人。

当一个人身处困厄之中，源于内心的审美可以帮他超越现实中的苦难。

美不仅是美本身，它还对应着丑和世间的是非。他们接受战争的事实，却不会让战争卷走一切。即使是圣-埃克苏佩里与纳粹周旋的日子里，他的心里还装着一朵带刺的玫瑰，以及对生活的情趣。

2018.12.25

和抑郁、悲伤或烦躁不安一样，孤独也是病理学的研究对象，被视为一种慢性疾病。

在孤独中形成的事物，往往也能用来救赎孤独。

"天堂和地狱在他看来并不是虚无的存在，而是都会在现实中得到的兑现。当我们欢乐的时候，我们就生活在天堂里；当我们痛苦时，我们就在地狱。但谁又能说痛苦不是另一种欢乐呢？"

如果没有悲伤，生活是不完整的。

2018.12.29

时隔一年再次回家，回到噩梦缠绕的童年小屋。但这次我被痛斥后不再独自啜泣，

"我决定生气。"我收拾完行李走出门，把这封信发给了他们：

父亲母亲：

很奇怪，在我能够回忆起的关于童年的我和你们共处的记忆里，我似乎都在挨打和受骂。它们实在过于深刻，以至于我为了获得安全的生存空间而北漂多年。

我知道，你们很难读下去这封信，甚至完全不能理解，就如同你们依然坚信，并且强化这一认知：任可得抑郁症是她工作压力大。

我并不想逼你们去回忆用鸡毛掸子、皮带、塑料拖鞋、竹筷抽打我；在冬天让我脱了裤子笔直地在搓衣板上跪三个小时；让我抽自己耳光直到鼻血流满棉衣；掉在地上的米饭用簸

箕扫起来让我吃下去……你们称之为"为我好"。此外，还有无数次指着窗户告诉我"你现在就跳下去，不拦你"，以及日日萦绕耳畔的"死不掉的东西""留你命有什么用，不如杀掉了""求求你赶紧去死""不会有人喜欢你"，组成了我对这个家的回忆。

你们对我肉体和精神上的影响，客观上造成了再也无法弥补和治愈的童年创伤。

我从小就噩梦连连，在梦中被追赶捕杀。

在我的房间里，充满了被打到头晕目眩、鲜血直流的回忆，以至于成年后很多年，当我焦虑紧张，有压力的时候，梦境都会调取和你们相关的记忆素材来展现"恐惧"。

这么多年以来，我都告诉自己：是他们的认知能力让他们只会用伤害来表达爱，他们的教养有局限性；既然我已经抑郁了，就不要再戳破真相让全家人都痛苦。所以我能有的最大善意，就是把安定医院重度抑郁诊疗单的病因打了马赛克才发给你们，乞求不要再继续责骂我。

曾经发生在我精神上和身体上的伤害，没有让我死掉。我努力活下来了，我要足够独立和强大，不再被伤害。

中学时，我跳湖自杀、在厨房开煤气自杀，都是因为实在无法忍受日复一日的打骂，而非不想活下去——"太疼了""我忍不了"，我在刚刚学写字的时候就表达过，但你们一次次地选择性忽略。

"是你自己病了""你是工作压力大才得抑郁症的，跟我们没有关系。""哪个小孩不是被打大的？是你自己太小心眼了。"这样的归因的确能让你们感到轻松。

你们从前不重视我的自杀行为，现在也拒绝接受我得抑郁症的病因，以此来确保自己的行为在道德上是正确的。

你们责骂我对没有血缘关系的朋友那么好，却和你们少有来往。那你们有没有想过，甚至是反思过，你们对我有过鼓励和支持吗？你们所谓的"对我好"，是什么？打我骂我教训我？

实不相瞒，没有回家的这一年，我过得无比快乐。

我发展自己的事业、恋情、友情和兴趣爱好，我在事业上获得了社会认可，在朋友和恋人的关系上获得了爱的体验。在心理学上，这称之为"社会支持"。我拼命和抑郁症的自毁倾向斗争，咬牙努力活下来。我运用一切学习机会充分地发展自己的心智。

不论你们怎样觉得，于我的感受而言，家庭带给我的是消耗和伤害，让我失去生活热情，丧失活下去的信心——"在父母身上都没有得到爱，怎么还能指望这个世界有爱？"

你们还总是斥责我：为什么你在北京没有挣到钱，为什么对父母不孝顺？

朋友问我："你们有让我爱的理由吗？"

我想了想说："每年过年回家，爸爸会给我准备巧克力；我妈把空调打开，帮我铺电热毯，防止我冻感冒。他们为我提供的教育资源和容身之所，我无比感激。"

朋友说："他们是在做'好的父母应该做的事'，还是真的有表达'他们爱你的情绪'呢？你有感受到这样的情绪吗？"

很遗憾，即使你们总觉得为我付出牺牲了很多，但我没有感受到过爱的情绪。

别的小朋友接触你们之后，都不敢来我们家，或者提到任何的父母，他们都会感到害怕。

很遗憾，我也从未见过你们相爱。从我记事起，你们就在吵架，双方打得鲜血直流；喝醉酒后抓着我打，说你们要离婚；在狭小无处逃遁的车厢里爆发激烈的争吵……

我试着合理化这些痛苦：我不过是你们顺应财产互利、社会风险抵御、社会归顺需求，所组建家庭的产物。

我只是产物。

而我想要的家庭关系是：彼此之间互相尊重，家长能意识到子女也有独立人格；互相之间不是不能指责，但也需要肯定和鼓励。

我曾尝试表达过很多次，但你们并不理解。现实是只要我们联系，我就会被打击。你们的咒骂和批评声伴我成长。

你们对我的指责控诉以及道德绑架，常常让我陷入崩溃，很多次爸爸把我训斥得痛哭流涕，我还不敢哭出声，因为会被更大声地吼："你不认错，还有什么好哭的?！"

"我错在哪里？我到底做错了什么？我要怎么认错呢？我做了什么无法饶恕的恶行要被如此对待？我明明没有做坏事，也没有做一个坏人，为什么要被斥责？"

如果培养爱的能力实在太难，那么还是那句请求：就当放我一条生路，让我按照自己的方式说话做事，真的不用再批评我、斥责我，觉得是"为我好"。如果你们认定我是冥顽不化，那就放弃我吧。

把这封信发给他们之后，我已经不害怕了。
这是我第一次敢于回击伤害。
即使依旧泪流满面，但我不再痛恨自己。

2018.12.31
我居然活到了2019，我坐在窗前俯瞰这个城市熟悉的街景，觉得一切仿佛都在焕发新的生机。

　　在今年的新年礼物里，我发现了这样一张贺卡："任可，谢谢你的'抑郁研究所'。你做了我们想做但没有做成的事。"

　　新的一年开始了，我在一场场爱与痛之间奔走，来抵抗死亡与虚无。

　　当你不再畏惧伤害，不再逃避生活残酷的部分，能平和地接受人生有创伤有喜乐，能应对琐碎平淡的生活时，不知不觉就活到了好事发生的那一天。

想对抑郁人群说的话

确诊抑郁症后，我把签名改成了"好好活着"，这是现在我对自己的全部要求。这让我感觉轻松了很多。

@Meredith_Lin LZH

如果感到累的话，不努力也是可以的。不要急于强求自己找到隧道的出口，即使在黑暗中，我们也一直陪在你身旁。

@Sakula

虽然有一点自闭，但还好，能看艺术家的纪录片、能看心理和哲学领域的书，就好开心。加油，活到周六，就可以看《路易斯·布尔乔亚：蜘蛛、情妇与橘子》了。把自己还没做过的事情列成一份人生清单。如果人生没有体验过这些就结束，还是会遗憾吧。

@蜡笔大葵

炒菜的时候看见旁边的窗户开着，窗外的树枝上有葱翠的绿叶和不知名的花，于是想到跳下去只需要三秒钟，可是把菜炒好端上桌，等爱人回来一起吃的人生还有好多年呢。

@Vincent

我去荒原徒步，看到那么多摇摆的草，它们在绵绵山原上找到自己的位置是多么自然而然的事。它们乐天安命，只负责枯荣，所以自然而然了。如果我是其中一株，一定想生长在风缓土沃、风景最好的坡上。我要求得多，强求得多，渴求得多，所以找不到属于自己的位置。那一刻，我原谅了自己，让风拥抱了自己。

@哟呼

不定期去朋友家撸狗[1]，被狗舔的时候觉得世界真美好！人间值得！被狗舔是怎样一种感觉？温暖、柔软、灵活的舌头覆盖住你的皮肤，一下一下舔得极其认真，从手舔到胳膊，简直不能更幸福！

@ZOE

我曾收到好朋友的遗书。如果有时空穿梭机，我想告诉她：

"你现在想吃什么，买什么，看谁的演出，去哪里玩吗？但凡有一个想的，现在就做，我卡里有钱。如果某一刻你觉得被世界抛弃了，不管几点，给我打电话，我会陪着你。

"我已经下单了今年要送你的情人节礼物、儿童节礼物、七夕节礼物、中秋节礼物、圣诞节礼物、新年礼物、生日礼物，都是不能退的那种。医生给你开了多久的药？告诉我时间，我给你买个好看的药盒再定点提醒你。

"好转了记得给我买包。

"别呀，以后我真不鸽[2]你了。"

@明蒸蛋柯南

困在自杀念头里的时候，朋友对我说："生命是你自己的，别人不应该对你指手画脚。我只是想说，如果你选择放弃，我会很难过。可能是我太自私了吧，还是希望你不要放弃。如果你还是选择

---

[1] 网络用语，指和狗一起玩。
[2] 网络用语，指爽约。

放弃，我会尊重你的选择；但你如果选择不放弃，我会尽力帮忙把你从水里捞出来，给我把汤勺就好。"

她的话让我第一次感受到，自己的痛苦被看见、被尊重、被接纳，也让我明白，实在难以坚持的时候我可以放弃。于是一切好像开始变得可以承受，在"没关系，可以放弃"中，我总能找到"再坚持一下"的力量与勇气。

@小Z

三年前，我患上了极为严重的抑郁症和焦虑症，无数次尝试自杀，也无数次想自杀却连从床上起来的力气都没有。死其实很容易，从二十楼跳下去一切就结束了。可我不甘心，我不想我的一生以这种方式结束，我的结局不该是这样子。自杀是逃避痛苦的方式，我还不想认输。所以到目前为止，我仍在艰难地活着，靠着这个念头一次次把自己从窗口拉回来。再多撑一会儿，也许深渊的尽头会是光明呢。

@Melodramma

从一本书上看到了这句话："你的头脑是一个星系，黑暗比光明多，但光明是值得等待的，所以不要结束自己的生命，即使黑暗是全部。要知道生命不是静止的，时间也是空间，你在时间的星系中移动，等待那恒星。"

@羽羽

就在某一天晚上我又一次犯病了，我的狗狗"芝士"一直趴在我身边陪我，用很天真很可爱很治愈人的眼神看着我，我当时就哭了出来，为了"芝士"我也要好起来，我不想离开之后它没人管、没人爱甚至流浪，所以我一定要好起来。

我不是一个人在孤独地抵抗抑郁，我的家人、朋友、狗狗都在陪伴我。

@好涵

既然未来充满变数，那么所有的绝望都可能是误会。一起好好活着。

@心安

如果我抑郁了，我就从早到晚做那些平常没空做的事情：

我要每天"遵医嘱"地取悦自己；

我要去雷克雅未克的极北之岛看极光，躺在极光之下直到被白昼撕裂；

我要拆三百个快递，用一整天的时间捏完里面的"泡泡"；

我要去黑龙江最偏僻的一个小镇点一盘加量锅包肉；

我要去KTV点我出生之前就有的老歌，一遍一遍地唱；

我要去酒吧和鲍威尔学如何用一块陈年的柠檬皮调一杯罗伯罗伊[1]；

我要买一大箱的PCB板[2]和一台3D打印机，自己造全键位的樱桃轴键盘；

我要和发小一起去童年的老街，拎上十斤排骨喂饱所有的流浪狗；

我要和抑郁研究所的病友们在失眠的夜里一直走下去，不要停在黑夜里，一直走到太阳升起。

@抑郁研究所守门员

（内容来自抑郁研究所平台的读者留言）

---

[1] 一款带辛辣味的鸡尾酒。

[2] 印制电路板。